現代文
学習のカギは“解説”の攻略!

キミは参考書の解説を
集中して読み込めているか?!

読解ラボ東京代表
長島康二［著］

はじめに

現代文講師の長島です。本書を手にとっていただきありがとうございます。

これまでに六冊の学習参考書（問題集）を執筆してきましたが、じつは最近、一つ気になることがあります。それは、

「私の本で学習する受験生は、集中力を保ちながら『解説』を読めるのだろうか……」

ということです。もちろん、なるべくシンプルに、受験生が理解しやすいよう解説を書いてきたつもりです。しかし、現代文という科目は、その性質上、非常に難解な文章を出題するものなのです（受験生が理解できる文章を出したら、全受験生が高得点になりますから、入試問題として成立しなくなります）。

よく現代文の指導者が、「読解力を高めよう！」と言いますが、そもそも読解できる文章がほとんど出ないというのが現実ですから、そのような学習は入試の構造に逆らっており、報われるものではないと思います。

そうであるならば、受験生は「問題の解き方を磨いていかなければならない」と私は考えます。もちろん、非常に高いレベルでは例外もありますが、基本的に「現代文は答え探しゲーム」です。本文中から、決まった解き方に基づいて、答えを見つけていくのです。だから、その解

き方を定着させるのが最大の目標になります。

とはいえ、先に述べた通り、文章自体がかなり難解ですから、普通の参考書ではなかなか解説に集中できないかと思います。その中で解き方を定着させるというのは、かなり難しいのではないでしょうか。しかも、参考書の解説を読むというのは、受動的になりがちな作業ですから、きちんと集中しながら解説を読み込むのは、至難の業であろうと拝察いたします。

そこで、本書は解説を「虫食い形式」にしました。つまり、解説のところどころに「空欄」があるということです。その空欄の前後に、どのような言葉を入れるべきかわかるようなヒントを散りばめておきましたから、それを活用しながら、受験生自身の手で「解説」を完成させてほしいのです。空欄に適切な言葉を入れていけば、文章理解が深まり、解説が頭に入ってくるようになっています。

要するに本書は、「問題を解いて、解説を読もうと思ったら、その解説がまた問題になっている」といった構成の、ある意味「異質な参考書」になります。しかし、この形式だからこそ受験生が集中力を保てると考えております。より能動的に解説を読めるからです。また、その状態だからこそ、「問題の解き方」もすっきりと頭に入っていきます。

ところで、本書を作成するにあたって、不備のチェックやクオリティ確保のために、元教え子の社会人や学生スタッフ、若手講師に本書の問題を解き、解説部分の穴埋めをしてもらいました。協力してくださった方たちは、口をそろえて「解説を読むときにも脳をフル回転させなければならない、非常にしんどい」と言っていました。

それこそが私の狙いでした。従来の参考書では理解が曖昧なまま解説を読み進めることも出来てしまいますが、本書はそれを許さないのです。まさに「異質な参考書」です。

本章を「十講」としたのは、例えば夏休みのような短期間に学習していただきたいと考えたからです。「読んで終わり」の解説でありませんから、解説を読み進めるのも大変でしょうが、それでも一日一講のペースで進めていただければ、十日で完成となります。本書に収録した十題をしっかりと攻略すれば、問題の解き方が定着し、本文の難しさに左右されない、しなやかな「得点力」が身に付いているでしょう。

現代文が受験に必要な皆さん、短期集中の学習で、真の現代文攻略を実現しませんか。

２０２３年６月

長島 康二

◆目次◆

はじめに …… 3

第一講 …… 9
問題 …… 16
解説 …… 18
ビジュアル解説 …… 21
空欄に入る言葉 …… 25

第二講 …… 27
問題 …… 34
解説 …… 37
空欄に入る言葉 …… 43

目次

第三講 …… 45
問題 …… 55
解説 …… 60
空欄に入る言葉 …… 65

第四講 …… 67
問題 …… 75
解説 …… 81
ビジュアル解説 …… 83
空欄に入る言葉 …… 88

第五講 …… 89
問題 …… 98
解説 …… 102
空欄に入る言葉 …… 107

第六講 …… 109
問題 …… 116
解説 …… 119
空欄に入る言葉 …… 124

第七講 …… 127
問題 …… 135
著者からひと言 …… 141
解説 …… 142
ビジュアル解説 …… 145
空欄に入る言葉 …… 151

第八講 …… 153
問題 …… 161
解説 …… 167
空欄に入る言葉 …… 174

第九講 …… 177
問題 …… 184
解説 …… 185
空欄に入る言葉 …… 188

第十講 …… 189
問題 …… 195
解説 …… 197
空欄に入る言葉 …… 201

〈第一講〉

次の問題文を読み、後の問いに答えなさい。

明治日本の近代化とは西洋化である。それは、法制度はいうまでもなく、諸学問・芸術の全カテゴリーに及んでいる。漢方医学、漢文学、仏教はいうまでもなく、明治維新のイデオロギー的源泉の一つであった国学さえも、新たな大学制度から排除されている。それらが受け入れられるようになったのは、近代西洋の学問的方法によって再組織された後である。ところが、そのなかに例外的なものが一つある。それは美術である。たとえば、一八八九年に創立された東京美術学校は、のちに西洋派にとって替わられたとはいえ、最初から日本・東洋美術が中心になっていた。この事実は、たとえば、東京音楽学校が最初東洋音楽を入れなかった事実を見れば、際だっている。

しかし、それは美術のみが「西洋化」をまぬがれていたということを意味するものではない。こうした美術部門の特異性は、実は、あるアメリカ人によってもたらされたのである。アーネスト・フェノロサ（一八五三―一九〇八）は、一八七八年哲学の教師として、スペンサーの社会進化論やヘーゲル哲学などを教えるために来日したのだが、滞在中に日本の美術に、近代西洋を越えるものを見いだした。彼は、当時写実的であった西洋の絵画に対して、日本・東洋の美術を優位に立つものとして意味づけた。同時に、彼は日本の美術を歴史的に分類し体系化した。そのとき、彼に協力したのが英語に堪能《たんのう》な若き岡倉天心（一八六二―一九一三）であった。東京美術学校は、フェノロサと文化官僚となった岡倉を中心に設立された。この結果として、「伝統派」が最初から優位に立ったのである。

しかし、他の領域では伝統的な学問や宗教が排除され蔑視《べっし》されたにもかかわらず、視覚芸術のみが近代制度として受け入れられたのはなぜか。それはフェノロサに先立って、日本の絵画・民芸品がヨーロッパにおいて高く評価されていたからである。浮世絵版画は一八五〇年代からヨーロッパで、特に印象派の画家によって評価されており、さらに、一八六七年パリ万国博覧会に徳川幕府が提出した諸作品が衝撃を与えた。印象派による日本の絵画の評価は、近代ヨーロッパのリアリズムにおける表象の危機を、日本の浮世絵などによって越えようとするものである。そして、そのことは「日本」そのものを一つの表象にすることである。たとえば、ゴッホは「日本人のように物を見たい」ということを書簡のなかで繰り返している。そのような熱狂は、オスカー・ワイルドが次のように［　X　］したほどである。

> 諸君が日本の物が好きだということは知っている。だが、諸君は、美術において提示されるような日本人が存在すると、本当に思っているのか。もしそうなら、諸

君は日本美術がまったくわかっていない。①日本人とは、ある画家たちの注意深い自覚的な創造物なのだ。（中略）実際、日本全体が純粋の発明物なのだ。そのような国は存在しない。そのような人々は実在しない。

こうした日本芸術ブーム、ジャポニスムはたんに浮世絵に関してだけあったのではない。それはむしろ家具などの美術工芸品全般に向けられていた。それが決定的になるのは、一八七三年ウィーン万国博に明治政府が美術工芸品・家具・織物などを体系的に出品したときである。これがヨーロッパにおけるアール・ヌーボーを生み出す大きな原動力となったことは疑いがない。しかし、いうまでもなく、それらはヨーロッパ人における出来事であり表象である。日本側では、そのような意識はなかった。日本人にとっては、近代のリアリズム絵画のほうが新鮮だったのであるから。そして、それを導入しようとする西洋派が強かったのは当然である。

にもかかわらず、伝統派が勝利したのは、伝統工芸がヨーロッパやアメリカでたんに美学的に評価されたからではなく、商業的に成功したからである。ウィーン万国博での成功の結果、日本政府は一八七八年のパリ万国博にも、約四万五千点もの作品を送った。即売会でこれらが売り切れた。生糸の他には輸出品をもたなかった日本にとって、これらは何よりも輸出産業としての意味をもったのである。文化官僚である岡倉は、このことを利用して、西洋派に対する覇権を握った。しかし、岡倉は西洋派ではなかったが、伝統派でもなかった。伝統派はたんに自民族中心主義者である。それは美術以外のところにもあったことはいうまでもない。一般に、ナショナリズムは美学的な意識において成立する。日本のナショナリズムの萌芽である江戸時代の国学者本居宣長においても、それは、知的・道徳的な視点（インドや中国に由来する）に対して、美学的視点（もののあはれ）を優位におくことにはじまっている。しかし、多くの場合、それは【Y】でしかない。古典文学に基礎をおく日本の国学も同様である。

それに対して、視覚芸術が違っているのは、日本人がそう思う前に、西洋において評価されていたことである。ヘーゲルの言い方で言えば、それは「他者の認知」を獲得していたのである。ある意味で、それは戦後日本でも、映画やアニメについても起こったことである。たとえば、小津安二郎は大衆的人気はあったが、芸術的な巨匠だとはまったく思われていなかった。東京美術学校の創設において伝統派が勝利したのは、それが伝統的だったからではなく、それが西洋側に評価され、且つ産業としても成立していたことによるのである。もちろん、東京美術学校は、設立後十年も立たぬうちに、岡倉を追いだした西洋派にとってかわられた。しかし、「西洋派」はそれ以後、②根本的な背理に苦しむことになるだろう。なぜなら、日本において先端的であり反伝統的と見える仕事は、西洋においては［ Z ］と見えてしまい、「伝統派」に回帰したほうがかえって先端的に見えるからである。この問題は、今日にいたるまで続いている。たとえば、日本において尊敬される「西洋派」は、西洋において何の価値も与えられていない。そして、何らかのかたちで西洋において評価されるアーティストは事実上、「伝統派」に回帰している。なぜなら、そのほうがより前衛的に見えるからである。

それは他の領域においても同じである。たとえば、文学において、美術におけると同じ意味で「伝統派」が優位を獲得する（日本回帰が起こる）のは、一九三〇年代においてである。谷崎潤一郎、川端康成、三島由紀夫らは、西洋人によって「伝統派」として認知されるだろうが、彼らはもともと西洋派モダニストであった。彼らがある時期から伝統に向かったのは、伝統へのノスタルジーというよりもむしろ、そのほうがより「前衛的」に見えると考えたからだというべきである。

（柄谷行人「美術館としての歴史」より。一部改変）

【注】

○東京美術学校――東京に設立された官立の美術専門学校。近年は創立年を一八八七年とする立場もある。

○オスカー・ワイルド――アイルランド出身の詩人、作家、劇作家。ゴッホと同時代に活躍した。

○アール・ヌーボー――「新しい芸術」を意味する。十九世紀末から二十世紀初頭にかけてヨーロッパを中心に流行した芸術運動。

○ヘーゲル――ドイツ観念論哲学の完成者。

【問題】

問一　空欄Xに入る最も適当な言葉を、次の中からそれぞれ一つずつ選びなさい。

1. 風刺　2. 警告　3. 刮目　4. 教唆

問二　空欄Yに入る最も適当な言葉を、次の中からそれぞれ一つずつ選びなさい。

1. 啓蒙的　2. 退廃的　3. 自己意識　4. 相互依存

問三　空欄Zに入る最も適当な言葉を、次の中からそれぞれ一つずつ選びなさい。

1. 芸術の枠外　2. 誤った歴史認識　3. 倒錯した思想　4. たんなる模倣

問四　傍線部①の意味として最も適当なものを、次の中から一つ選びなさい。

1. 日本の絵画や民芸品には、日本人画家によってのみ捉えることのできる世界が映し出されていた。

2．西洋における日本絵画の流行は、浮世絵画家たちが意識的につくりだしたものであった。
3．浮世絵の手法は、西洋のリアリズム絵画を越える突破口であることに気づいた画家たちによって広まっていった。
4．絵画や民芸品を通して知る日本や日本人の姿は、意図的につくられたものであり、現実とは異なるものであった。

問五　傍線部②の説明として最も適当なものを、次の中から一つ選びなさい。

1．日本では先端的であった西洋画も、西洋においては全く評価されないということ。
2．岡倉天心を裏切ってまで描いた西洋画が、結局浮世絵の技法を越えられないということ。
3．最先端と言われていた西洋派も、商業目的でのみ成り立っていることが苦しみになっていくこと。
4．日本では新鮮なリアリズム絵画であっても、西洋ではすでに「他者の認知」を獲得し、飽きられてしまっていること。

【解説】

さて、いよいよ解説が始まります。解説の中に空欄が出ていますので、その空欄に適切な言葉を入れながら解説を読み進めてください。空欄に入る言葉は、本文中や設問、選択肢からそのまま抜き出してくる形にしてあります。空欄の前後に、どのあたりを見ればいいか示してあります。字数も指定いたしましたので、参考にしてください。空欄に入る言葉を書きこみながら解説を読み進めていただけるとうれしいです。

なお、空欄に入る言葉が何だったのかは、この解説の次のページに書いてあります。困ったら、そちらをチェックしてみてください。では、頑張っていきましょう!

問一

空欄Xに入る言葉を聞いている問題でした。いわゆる、空欄補充の問題です。こういった類の問題では、まず空欄の前後を読み「空欄とイコールの内容を把握する」というのが第一歩になります。

実際にやってみましょう。27行目をご覧ください。「次のように」という言葉に注目してここを読めば、X＝「（い：□□□□□□□□）」がこの後でやったこと（Aと置きます）」です。

では、Aとはなんでしょうか。29〜33行目で、オスカー・ワイルドは「君たちが（ろ：□□）していると思っている日本や日本人は実在しないんだ」と述べています。君たちは間違っているよと指摘しているのですね。つまり、A「オスカー・ワイルドがこの後でやったこと」＝「間違っているという指摘（B）」だったのです。X＝Aで、A＝Bですから、X＝Bになります。XもBも、どちらもA「オスカー・ワイルドが空欄Xの後でやったこと」なのですから。こういった考え方を、三段論法と呼びます。受験定番のアプローチですから、きちんと押さえておいてください。さて、X＝Bですから、このBと同内容の（は：□ ※答えを入れてください）が正解です。

> 三段論法の考え方
> 空欄X＝A
> A＝B
> よって、
> 空欄X＝B
> ※Aと空欄Xはイコールで、同じものだから、たがいに置き換えられる。したがって、2段目のAは空欄Xに置き換えてよい。

なお、4が紛らわしかったかもしれませんが、これは「そそのかす（悪い道に誘う）」という意味ですから、答えの条件からはずれます。

問二

空欄Yに入る言葉を聞いている問題です。少し応用的です。解説のあとに、話を分かりやすくまとめた**「ビジュアル解説」**を載せましたのでそちらも参考にしてください。まず、53～54行目をご覧ください。「[Y]でしかない。古典文学に基礎を置く日本の国学も同様である。」とあります。ここでは、「日本の(い：□□)も[Y]でしかないよ」と述べています。さらにその直後の56行目冒頭ですが、「(ろ：□□□□□□)」とあります。この言葉は、前後が反対であることを示します。そして、「それに対して」の続きを読んでいくと、「(は：□□)の認知を獲得していた」と書かれているのです。

ということは、「それに対して」の前では「他者の認知を獲得していない」と書かれていたとわかるでしょう。また、「それに対して」の前には「[Y]でしかない」と述べられていたのですから、「[Y]でしかない」＝「他者の認知を獲得していない」ということだとわかります。

要するに、他者に見られていないという内容が欲しいのです。答えは【に：□】です。この言葉をYに入れて、「自己意識でしかない」と言ってあげれば、他者に見られているかなんて関係ないよ、という意味になりますから、最も答えの条件に近づけます。

【ビジュアル解説】

Yでしかない
⇔「それに対して」
他者の認知を獲得している
右より、
Yでしかない
＝
他者の認知を獲得していない
※Yは、「他者の認知を獲得している」の反対！

問三

空欄Zに入る言葉を考える問題です。まずは64～65行目をご覧ください。ここから、「西洋からは Z に見えるもの（Aと置きます）」＝「（い：□□）では、先端的で（ろ：□□

□□）に見えるもの（B）」だとわかります。そして、いままでの日本には西洋的なものがなかったのですから、Bと置いた「日本では、先端的で反伝統的に見えるもの」＝「（は：□□）的なもの（Cと置きます）」になります。

A＝Bで、B＝Cですから、問一でご紹介した三段論法を使えば、A＝Cになります。つまり、A「西洋から見たら［Z］に見えるもの」＝C「西洋的なもの」だったということです。西洋人から見たら、日本人が作った西洋的なものなど、自分たちの真似にすぎません。したがって、答えは【に：□】です。この選択肢の「（ほ：□□）」が、真似という意味になります。

問四

傍線①ってどういう意味？　と聞いています。これは、傍線①がどういう意味か説明してね、ということです。そして、説明するというのは、イコールの内容を答えるということです。例えば、「イケメン」って言葉を説明して？　と言われたら、「かっこいい男性」と答えれば、それでイケメンの説明になるのでOKです。そして、両者はともに「イケてる男子」という意味ですから、同内容（イコール）です。

今回は、傍線①を説明せよと言われているのですから、傍線①とイコールの内容を考えることになります。傍線①の「（い：□□□）」という言葉に注目しつつ29～32行目を見れば、傍線①＝「日本人など存在しない」だとわかります。その内容になる選択肢は【ろ：□】ですから、これが答えです。

なお、2の選択肢が多少紛らわしいですが、これは存在しないものが「日本絵画の（は：□□）」になっているので、答えの条件とずれており、選べません。存在しないのは、「（に：□□□）」でしたね。

問五

傍線②の説明を求めているので、傍線②とイコールの内容を考えます。まずは63行目をご覧ください。ここから、傍線②＝「西洋派を（い：□□）めるもの（Xと置きます）」です。ではXとはなんでしょうか。67～70行目を読めば、（ろ：□□）派（つまり、日本的）である方が西洋から高く評価されるのがわかるでしょう。

逆に言えば、西洋的なものは評価されないのです。これは西洋派にとってつらい事ですね。自分が好きなことを追い求めても、肝心の西洋から評価されないのですから。いずれにせよ、X「西洋派を苦しめるもの」＝「伝統的なことが評価され、西洋的なことは評価されないという事態（Y）」です。

傍線②＝Xで、X＝Yですから、三段論法を使えば傍線②＝Yになります。Yと合致するのは【は：□】ですから、それが答えです。

4の選択肢が少し紛らわしいでしょうか。65行目が参考になりますが、日本において西洋的なものは（に：□□）的で、反伝統的なのです。それを4では「新鮮」とうまく言い換えています。ただ、答えの条件である「西洋からは評価されない」という内容を「（ほ：□□□□）しまっている」と、表現していますが、これは△でしょう。問三で確認した通り、自分たちの真似に過ぎないから評価しないのであり、飽きているかどうかと言われると微妙です。また、「飽きている」理由を、4では「（へ：□□□□□）を獲得しているから」としていますが、いま確認した通り、自分たちの真似だから評価しないのです。

【空欄に入る言葉】

問一

い：オスカー・ワイルド

ろ：存在

は：2

問二

い：国学

ろ：それに対して

は：他者

に：3

問三

い：日本

ろ：反伝統的

は：西洋

に：4

ほ：模倣

問四

い：創造物

ろ：4

は：流行

に：日本人

問五

い：苦し

ろ：伝統

は：1

に：先端

ほ：飽きられて

へ：他者の認知

〈第二講〉

次の文章を読んで、後の問いに答えよ。

1 キリスト教の故郷はいうまでもなくヨーロッパではない。もとはといえば、ヘブライ人の民族宗教たるユダヤ教から発展したものである。しかし、ヘブライ人もまた牧畜民族であり、人間と動物のあいだに一線を劃すことは、どうしても避けられない要請であった。たとえば、旧約聖書にはつぎのような記事がある。

神は自分のかたちに人を創造された。すなわち、神のかたちに創造し、男と女とに創造された。……神はいわれた、「生めよ、ふえよ、地に満ちよ。地のすべての獣、空のすべての鳥、地に這《は》うすべてのもの、海のすべての魚は恐れおののいて、あなたがたの支配に服し、すべて生きて動くものはあなたがたの食物となるであろう。……」（「創世記」）

2 人間は「神の似姿」で、他の動物を殺して食べる権利のあることが、ここではっきりとみとめられている。人間と動物は完全に断絶しているのである。

3 だから、旧約聖書には、動物が身近な存在であるにもかかわらず、人間と動物が対話する場面はほとんどでてこない。唯一の例外ともいうべき、エデンの園で蛇がイヴを誘惑する箇所は、人間が動物としゃべれば、堕落のはじまりでしかないことを示すだけである。大国主命が白兎となごやかに話しあう、日本の神話のようなわけにはいかない。

4 このような立場は、キリスト教がヨーロッパの風土に根づいてからも堅持された。このことは、復活祭前その他のときにキリストの受難を記念しておこなわれる、いわゆる「断食」の行事からも①わかる。もし、人間と動物の断絶がなければ、イエスの死を悲しむ「断食」は、完全な絶食もしくは精進料理の形をとるはずである。ところが、九、十世紀以降の歴史をみると、実際はそうでない。家畜の肉を食べるのが禁止されるだけで、魚類についての制限はまったくない。

5 これは、十三世紀ごろから年一回は信者に強制されるようになった聖体拝領が、パンをキリストの肉体、ぶどう酒をキリストの血としていることにも関係する。この慣行は古く新約聖書の最後の晩餐《ばんさん》までさかのぼるが、わざわざ動物を除外したうえで、本質的類似点のないパンとぶどう酒に象徴の材料を求めている。

6 こうなると、キリスト教の断食が、たとえ家畜の肉を食べるのを禁止していても、それはイエスの肉体と家畜の肉のあいだになんらかの関連をみとめたからではない、と気付かされる。せいぜい、粗食してイエスの苦しみをしのぶぐらいの意味しかない。だからこそ、魚類に対する禁令がなかったのである。動物性食品の完全な排除はまったくの死でしかないヨーロッパの条件が、そこにははっきりあらわれている。いずれにせよ、人間と動物のあいだは切れたままである。

7 したがって、キリスト教には、人間が現世で悪業を重ねれば来世は［　A　］かもしれないという、通俗仏教にみられるいわゆる「輪廻」思想はない。このことは、キリスト教が異質な思想的伝統に対決せざるをえなかった戦国日本の場合に、いちだんとあきらかになる。わたくしたちは、そのような例を、ハビアンが一六〇五年に書いた「妙貞問答」のなかに見ることができる。

8 ハビアンは洗礼名で、もとは京都の禅僧であった。のち、キリスト教に改宗し、長崎のコレジョで神学教育をうけた。だから、いちおう、仏教、キリスト教双方の教理に通じていたとしてよい。そのかれが、妙秀、幽貞の二人の尼僧を主人公に設定し、問答形式でキリスト教擁護論を展開したのが「妙貞問答」である。仏教とキリスト教の基盤のちがいを知るには恰好な書物であるが、そのなかに②つぎのような一節がある。

妙秀。仏教では畜生五十二類もわが同性のものと見て、うごめく小虫に至るまでも、現在の私とは区別されません。キリスト教では人畜をそれぞれ別におっしゃるのはどうしたことなのですか。

幽貞。そのように何もかもただ一つに見るのは迷いなのです。デウスのお作りになった万物のうち、飢えては食を求め、渇いては飲み、寒熱や痛み、かゆみなどを感ずるもの、これすなわち鳥獣虫魚の類です。そして、飢渇を感じ寒暑を知る上に、さらに物の理を知り、是非を論ずる知恵を持つ者、これすなわち人間でございます。ですから、人間以外には、どれにも後生ということはありません。

妙秀。では流転輪廻ということはないのですか。

幽貞。この輪廻ということも、例のうそつきの釈迦殿が云い出したものです。輪廻ということのない証拠は、今、あなたと私の上を考えただけでも、もう判っていることです。そのわけは、あなたも私も前の生があるものならば、どうして今、前世にはどんな物だったろうか、どんな業を作ったからこのような身となったのだということを、知らないでいるのでしょう。その上、現世では人間で、未来の世では鳥とも獣ともなるものならば、鳥の中にも是非を論じ、獣の中にも善悪を弁える物がたくさんなければなりません。それなのに、そのようなものが昔から今に至るまで一つもないことは、流転輪廻ということがない明らかな証拠です。

9 さすがに日本人の手になるだけに、動物に対する態度のちがいがヴィヴィッドに描かれている。けれども、このことを思い知らされたのは日本人だけではない。外国人宣教師も同じである。ルイス・フロイスの「日本史」などをみると、「牛や馬を食べることに対する非難」に答えて、さかんに、人間と獣類との根本的差別を弧調している。

10 このように人間と動物のあいだにはっきりした一線を引き、輪廻思想をみとめないとなると、キリスト教の天国・地獄観が、仏教の極楽・地獄観とよほどちがったものになるのはいうまでもない。輪廻ということがない以上、キリスト教では、人はいちど死ねばそれきりである。天国か地獄のいずれかにいき、永遠にそこにとどまらなければならない。日本とちがって、③墓地に食物が供えられないのは、そのためではなかろうか。

11 もちろん、ダンテの『神曲』にもみられるように、中世末には、天国と地獄の中間にあるものとして、罪を浄めることの可能な「煉獄」が案出されはした。

しかし、ただ一度の神の審判で全てが決定してしまうという本筋には、あまり大きな変化はない。こうした教えが、日本人にいかに異質的に、いかに苛酷にひびいたかは、ザヴィエルのつぎの報告からも、十分にうかがうことができる。

彼等（日本人）の本には、地獄に堕ちた人でも、その宗旨の祖師を呼ぶと救はれると書いてあるから、（キリスト教の）神が地獄に居る人々の救霊をしないのは、頗《すこぶ》る不愉快であり、自分等の宗旨は、（キリスト教の）神の掟よりも遥に慈悲の教だと主張する。

12　しかし、このような教えは、いかに苛酷にみえようとも、その背後には、動物と区別され④人間の尊厳への信頼がある。人間だけが「神の似姿」として「物の理を知り、是非を論ずる」ことができるとすれば、死後、生前の行為の善悪によって、神のきびしい審判をうけるのは当然である。人間は神から「意志の自由」を与えられたかわりに、自己の行動にさいごまで責任をもたなければならない。人間と動物の断絶は、結局、人間中心主義にまでつきすすむのである。このような意味では、キリスト教はきわめて人間中心的な宗教である。キリスト教が、いろいろな機会に、一貫して誓約の重大性を強調してきたのも、そのせいである。

（鯖田豊之『肉食の思想』より。文章を一部改変した）

【問題】

問一

本文を文章構成の面から三つの部分に分けるとすると、第二、第三の部分はどの段落からとするのが適切か。本文に付した段落番号の中からそれぞれ選び、解答欄の番号を答えなさい。

問二

空欄Ａに入る表現として最も適切なものをつぎの中からそれぞれ選び、答えなさい。

ア．地獄に堕ちてひどく苦しむ
イ．牛や馬などに生まれ変る
ウ．善人に転生して救われる
エ．因果応報の仏罰を受ける
オ．無常を観じて世捨て人となる

問三

傍線部①「わかる」とあるが、キリスト教に関してどのようなことがわかるのか。最も適切なものをつぎの中から選び、答えなさい。

ア．人間と動物とは明確に区別され、相互の親近性は基本的には無いと考えられたということ。

イ．人間と動物とは親しい間柄にみえても、対話はできない点に深い対立があったということ。

ウ．人間は動物とは一線を画すのを原則としながらも、時に微妙な例外もあったということ。

エ．人間は動物を下位に置きながらも、姿が似る家畜の場合は相応に尊重したということ。

オ．人間を神の似姿としたのは、広大な領域で動物を求める牧畜民族ゆえだったということ。

問四

傍線部②「つぎのような一節」とあるが、キリスト教と仏教の違いについて、つぎの1～5の説明が適切であればa、不適切であればbと答えなさい。

1．仏教では、現世の人間と他の生き物との間に、存在として本質的な区別はないと考える。

2．仏教では、鳥獣虫魚の飢渇や痛覚は、人間が理性で悩み切望することに等しいと考える。

3．キリスト教では、生き物の中で特別な存在である人間に死後の世界はないと考える。

4．キリスト教では、理性を持ち善悪を弁えられる生き物は人間だけであると考える。

5. キリスト教では、人間であれ鳥獣であれ、霊魂というものは存在しないと考える。

問五

傍線部③「墓地に食物が供えられない」とあるが、その理由として最も適切なものをつぎの中から選び、答えなさい。

ア. 死者は身体を持たない霊なので食物なしでも供応できる、と考えるから。
イ. 天国や地獄ではこの世に生きる人間とは食物が異なる、と考えるから。
ウ. 死者の霊が現世の人間のもとに戻ってくることはない、と考えるから。
エ. 遺族が死者を追慕する神聖な場所に生臭い供物は不浄だ、と考えるから。
オ. 死者に食物を捧げると現世に未練を抱いて天国に行けない、と考えるから。

問六

傍線部④「人間の尊厳」とあるが、これはどのようなことを指しているか。つぎの形式に従って、二十五字以上三十五字以内でまとめ、解答欄に記せ。ただし、読点や記号も一字と数える。

人間は［　　　］を持つ存在であるということ。

【解説】

問一

本文を三つに分ける問題です。ポイントになるのは、37行目に初登場した「（い：□□□□）」です。これは、キリスト教と仏教の違いを具体的に示した本です。これが登場した（ろ：□）段落こそが、第二の場面が始まったところです。また、その妙貞問答の話が終わったのは（　ろ　）段落ですから、その直後の（に：□）段落が三つ目の場面が始まるところになります。

問二

まずは34〜35行目をご覧ください。ここから「現世で悪行を重ねれば［A］（Xと置きます）」＝（い：□□□□□□）（注：記号も一字と数えます）だとわかります。次に54行目を見てください。「輪廻」という言葉が出ていますね。怪しいです。怪しいと思いながら、54〜60行目を読めば、「輪廻」思想＝「悪いことをしたら（ろ：□）や（は：□）になるかもしれない（Yと置きます）だとわかりますね。X「現世で悪行を重ねれば A 」＝「輪廻」思想で、「輪廻」思想＝Y「悪いことをしたら鳥や獣になるかもしれない」ですから、X＝Yが成り立ちます。三段論法です。したがって、【に：□】が答えでした。

問三

設問を読むと、「どんなことが分かるのか」と書かれています。「分かること（X）ってどんなこと？」と聞いているわけですから、Xの説明を求めていますね。ですから、このX「分かること」とイコールの内容を考えていくのです。18〜20行目をご覧ください。

ここで「（い：□□□□）（注　指示語が入りますね）がわかる」と書かれていますので、X「分かること」＝このことです。先に触れた通り、これは指示語ですから、前を見てみましょう。18行目の頭からを見れば、このこと＝「このような立場が堅持されたこと（Y）」だとわかりますね。X＝このことで、このこと＝Yですから、答えはYです。ただ、「このような立場」と言われても何のことかわかりませんので、その内容を明らかにします。12〜17行目より、このような立場とは、人間と動物は（ろ：□□）していると考える立場です。その立場が堅持されたというのがYですので、その内容の【は：□】が答えです。

問四

傍線②「次のような一節」とは、妙貞問答の一部のことです。それは45～60行目ですから、ここと見比べて考えていくことになります。ただし、一部の選択肢がここだけでは判断できず、仕方ないので見る範囲を広げることになります。まずは1ですが、これは問題ありませんので、aと答えます。45～46行目を見れば、確かに仏教では人畜を（い：□□）しないと書かれています。2は少し紛らわしかったかもしれませんが、bです。1で確認した通り、仏教では人畜（人と畜生）を区別しません。そして、この選択肢では、畜生を（ろ：□□□□）と正しく言い換え、それと人間を区別していないと書かれているように見えます。しかし、この選択肢をよく読むと、「鳥獣虫魚の飢渇や（は：□□）」と「人間の悩みなど」が同じと言っているのです。飢渇や痛覚と悩みは別物ですから、この選択肢は不適切です。3に移りましょう。これは、45～60行目だけでは判断できませんでした。ご覧いただきたいのは67～70行目です。キリスト教にも、（に：□□）や（ほ：□□）のような「死後の世界」があるのです。したがって、3は（へ：□）となります。4ですが、これはaです。84～86行目より、キリスト教において、人間は「物の理を知り、（と：□□）を論じることが出来るのです。それを4では「善悪を（ち：□□□□□）」と適切に言い換えています。最後に5を扱います。これは先ほど解説した3と内容が重なります。3の選択肢の言葉を使えば、キリスト教にも（り：□□）の世界はあるのです。肉体ごとその世界に行くことはありませんから、キリスト教にも霊魂はあるでしょう。したがって、これは（ぬ：□）になります。

問五

傍線③の理由を答える問題です。傍線③の直後に「そのため」とありますね。これが傍線③の理由です。では、「そのため」とは何でしょうか。69〜71行目を読んでみましょう。ここから、「そのため」とは「（い：□□）や（ろ：□□）にずっととどまるため」だとわかります。その内容の【は：□】が答えでした。

問六

今回は設問の後に空欄があり、その空欄に入る内容を述するという問題です。まず、その空欄の前後をお読みください。「人間は□を持つ」とあります。受験において定番の思考回路ですから、ここで確実に押さえておきたいのですが、まずは前後のことばを使って傍線なり空欄なりとイコールの内容を作れるようになりましょう。「人間は□を持つ」という文章を見たら、すぐに□＝「（い：□□）が持っているもの（X）」と考えてください。では、X「人間が持っているもの」とは何でしょうか。

まずは、傍線④直後ですが、84～86行目をご覧ください。人間は（ろ：□□□）を知り、是非を論じる能力があるから、厳しい審判を受けるのです。高い能力があるんだから、それに応じた振る舞いをしようね、ということでしょう。いずれにせよ、X「人間が持っているもの」＝「物の理を知り、是非を論じる力」となりますので、これが答えです。

また、86～87行目にも注目です。ここからも人間が持っているものが何か、読み取れます。「神から（は：□□□□□）を与えられた」とありました。与えられたということは、持っているということです。そして、「(に：□□□□□) にさいごまで責任をもたなければならない」とも書かれていますから、X「人間が持っているもの」＝「自分の行動に対する（ほ：□□)」です。以上の三点が人間が持っているものですから、この三点を答えに入れることになります。

ちなみに、12～13行目にも人間が持っているものが書かれていました。他の動物を殺して（へ：□□□）権利です。ただ、これは答えになりません。設問の1行目をご覧ください。この問題は「人間の（と：□□)」とイコールの内容を答える問題なのです。これはプライドとも言いかえられるでしょう。そうであるのなら、「他の動物を食べられる」よりも、能力の高さやそれゆえの責任の方がより合致しますから、先に挙げた三点が答えです。

【解説】

ビジュアル解説

空欄

＝

人間が持っているもの

＝

・物の理を知り、是非を論じる力

・意志の自由

・自己の行動に対する責任

【模範解答】

④物の理を知り、是非を論じる力や、③意志の自由、③自分の行動に対する責任

※10点満点で、それぞれの数字は配点を示している。

【空欄に入る言葉】

問一
い：妙貞問答
ろ：7
は：9
に：10

問二
い：「輪廻」思想
ろ：鳥
は：獣
に：イ

問三
い：このこと
ろ：断絶
は：ア

問四
い：区別
ろ：鳥獣虫魚
は：痛覚
に：天国
ほ：地獄
へ：b

と：是非
ち：弁えられる
り：死後
ぬ：b

問五
い：天国
ろ：地獄
は：ウ

問六
い：人間
ろ：物の理
は：意志の自由
に：自己の行動
ほ：責任

へ：食べる
と：尊厳

〈第二講〉

次の文章を読んで、後の問に答えよ。

二一世紀に入り、ヨーロッパをはじめ世界各地でポピュリズム（ポピュリスト）と呼ばれる政治運動や政治家が影響力を増している。このポピュリズムについては、日本の新聞をはじめとする有力メディアでは「大衆迎合主義」といった訳語や説明を添えるのが普通である。もちろん、見慣れないカタカナ語を用いるさいに、意味を汲みとった日本語の説明を添え、読者の理解に供することは必要であろう。ただしかし、「ポピュリズム」に「大衆迎合主義」という訳語を付すことが、本当に適切なのか。①

ポピュリズムという言葉は一九世紀末、アメリカ合衆国で誕生した人民党（Populist Party）に由来する。南北戦争後のアメリカでは経済が発展を遂げ、巨大資本が成立する一方、その繁栄から取り残された中西部の農民層や都市部の労働者層の困窮もあらわとなる。この農民や労働者を母体として結成されたのが、人民党である。人民党は、経済を独占的に支配する巨大企業、金権政治に浸かった既成の*民主党・共和党の二大政党を激しく批判した。「アメリカを建国以来支えてきた本来の人民」がないがしろにされていると説き、大統領選挙に候補者を擁立し、とくに中西部や西部の農業州で支持を集めることができた。これに対し、民主党がその要求を取り入れて取り込みを図ったことなどから、人民党は次第に求心力を失い、政党としての活動は一〇年程度にとどまった。とはいえ人民党がアメリカ政治に与えたインパクトは大きく、[1]その歴史的記憶は今も残っている。

ポピュリズムが全面的に開花したのは、二〇世紀中葉のラテンアメリカであろう。アルゼンチンのペロン、ブラジルのバルガスをはじめとして各国で、ポピュリスト指導者が民衆の強い支持を受けて政権を掌握した。[2]植民地由来の圧倒的な社会経済的な格差が残り、大地主や鉱山主ら一部の富裕層が独占的に支配してきた従来の政治に対し、これらのポピュリストたちは労働者や農民、中間層、下級将校などを支持基盤とし、閉鎖的な既成政治の打破を志向した。具体的には欧米系の資本を排した国内産業の育成、基幹産業の国有化、社会政策の充実、ナショナリズムの称揚などが進められた。

一九八〇年代以降になると、ポピュリズムの主要な舞台はヨーロッパ諸国に移行する。特に冷戦終結後、既成政党を批判し、ヨーロッパ統合の進展に異議を申し立て、移民や難民の制限を訴えるポピュリズム政党が次第に支持を集めるようになった。*マリーヌ・ルペン率いるフランスの国民戦線が最も知られているが、オーストリアのオーストリア自由党、オランダの自由党、デンマークのデンマーク国民党、ノルウェーの進歩党、スイスの国民党などは、国政選挙でもかなりの議席を獲得している。またドイツにおける「ドイツのための選択肢」、イギリスの英国独立党など、ポピュリズム政党は今や、西欧のほとんどの国で存在感を発揮しているといえる。②

これらのポピュリズム政党は、特にその激しい反移民、反イスラムの姿勢にみられるように、右派に属することが多い。彼らは既成の政党や官僚、労働組合などの既存の団体が政治を独占していると主張しつつ、移民や難民はそのリベラルな政治エリートによって不当な保護を受ける存在と位置づけ、その「特権」を批判し、排除を訴える。既成政治に対する不満のはけ口として、移民や難民が格好のターゲットとなっている。

他方、ヨーロッパの南部では、右派とは言えないポピュリズム政党が支持を集めている。スペインのポデモス、ギリシャのシリザ、イタリアの五つ星運動などは、やはり厳しい既成政治批判、ＥＵ批判で台頭したが、反移民を掲げているわけではなく、むしろ左派的姿勢をとる。③

国によってバリエーションがあるとはいえ、右派と左派、双方のポピュリズムに共通する背景として挙げられるのは、既成政治に対する不信の高まり、ＥＵに対する信頼性の低下である。

振り返れば、二〇世紀のヨーロッパ政治においては、左右それぞれに有力な政党が存在し、それらの政党は大衆的な党組織、そして労働組合や農民団体、信徒団体といった支持基盤に支えられ、安定的に選挙で票を獲得してきた。個々の有権者は、何らかの団体に属し、その団体の支持する政党に投票するという構造が成立していたのである。④

しかし今や、既成政党のほとんどは党員の減少、党活動の停滞、支持団体の弱体化に悩まされている。政党の手足となってきた支持団体も、個人のライフスタイルの変化、アイデンティティーの多様化のもと、もはや政党を支える盤石の支持基盤たり得ない。いわば既成政党がその「代表性」を喪失しつつある中で、ポピュリズム政党は既成政治を一握りの旧来のエリートによる独占物として描き、既成政党に飽き足らない無党派層の支持を集めている。

二〇一七年に死去したフランスの思想家、ツヴェタン・トドロフは、ポピュリズムについて、「右」や「左」である以上に「下」に属する運動である、としている。既成政党は「上」の存在であり、その「上」に対する「下」の対抗運動がポピュリズムである、というのである。政治的対立といえば「右」対「左」というのがこれまでの常識であったが、それは二〇世紀型政治における常識であって、二一世紀においては、「右」と「左」という軸に、「上」と「下」という新たな次元が加わったということなのかもしれない。

同様の構図は、二〇一六年のアメリカ大統領選挙についてもあてはめることもできよう。すなわち、「右」の「上」に属するのがジェブ・ブッシュら共和党主流派であり、「左」の「上」

にはヒラリー・クリントンら民主党主流派が位置する。これに対し「右」の「下」には、ラストベルト（さびついた地域）の労働者層などから強い支持を得たドナルド・トランプ、そして「左」の「下」には、公立大学の授業料無償化など、社会的平等の実現を重視したバーニー・サンダースが位置づけられよう。トランプ現象とサンダース現象は、いわば合わせ鏡のように、グローバリゼーションを容認する既成政治に対するアンチテーゼとして支持を集めた。それは共和党、民主党それぞれの従来の路線から大きく外れるものであることから、いずれも主流派からは批判されたが、両者はともに、「下」の支持を得ることで主流派を脅かす候補者に勝ち上がることとなった。

以上のようにポピュリズムの歴史的展開、そして現代における位置づけを踏まえたうえで、ポピュリズムが「大衆迎合主義」といえるのかを検討してみよう。⑤

第一は、「大衆迎合主義」という言葉自身の持つ、明らかに否定的な意味合いである。「迎合」とは［ a ］を意味することから、「大衆迎合」は「広く人々の望んでいることに［ a ］」になろうか。[3]そのような政治のあり方が望ましくないことは、いうまでもない。しかしそのようにメディアがポピュリズムを「望ましくないもの」「避けるべきもの」、さらには「克服すべきもの」として最初から否定的に位置づけることに、問題はないだろうか。

ポピュリズムは自国第一の排外主義だから、否定的に扱ってよいという見方もあるだろう。確かに移民や外国人、エスニックマイノリティーを排除しようとする排外主義が望ましくないことは私も強く同意するし、批判の対象とすることに異存はない。他方、ポピュリズムが排外主義を必ず含む政治運動である、ともいえない。ラテンアメリカにおける左派ポピュリズム、アメリカにおけるサンダース旋風、スペインのポデモス、イタリアの五つ星運動などを見ても明らかなように、左派系のポピュリズムは排外主義とは明らかに異なる立場に立つ。ポピュリズムが反エリート運動であるとすれば、[4]その主張の中心部分に排外主義が位置づけられるかどうかは各国の文脈によるところが大きく、「ポピュリズムはそもそも排外主義だから批判すべきだ」という議論は成り立たないだろう。

ポピュリズムに拠らない排外主義は、現実にはいくらでもある。年間数十人しか難民を認定しない、他の先進諸国に比べて極めて厳格な日本の入国管理は、マリーヌ・ルペンによって［ b ］の対象になっているが、これはポピュリズムとは無関係である。むしろ「制度的な排外主義」ということになろうか。結局のところ、［ c ］、ということではないかと考える。

第二は、その否定的な意味合いは別にして、ポピュリズムは大衆に「迎合」しているといえるのか、という問題である。大衆迎合という言葉から連想されるのは、政治家が本来のあり方をまげて人々の目先の欲得にすり寄る姿である。自らの当選を最優先し、受けのいい言葉を発してばらまきに走る。たとえば財政状況が危機に瀕しているにもかかわらず、幅広く選挙民の受けを狙って減税やばらまき型支出を先頭に立って行う政治家や政党があれば、それは大衆迎合といえるだろう。

しかしポピュリズムが現実の政治に持ち込んでいるのは、広く大衆受けを狙ったばらまきというよりは、エリート批判を通じた厳しい既成政治に対する否定であり、その結果としての「分断」である。ポピュリズムは左右いずれのポピュリズムであっても、既得権益を一種の「敵」と見なし、「普通の人民」に依拠してその「敵」との闘いを呼びかける。そこで生じているのは「迎合」というよりはむしろ、「煽動」に近い。その意味でポピュリズムに対し、それが「大衆煽動的」であるという批判を投げかけることは可能だろうが、それは「大衆迎合」に対する批判とは、質的に異なるものといわざるをえない。

それではポピュリズムという英語の言葉が、英語の辞書ではどのように説明されているのかをみてみよう。オックスフォード英語辞典やメリアム・ウェブスター英語辞典は、ポピュリズムについて、アメリカの人民党を例として挙げながら、「普通の人々の利益を代表しようとする」「普通の人々を代表すると主張する」政党（の政策や原則）としている。また、アメリカンヘリテージ英語辞典は、「特権的エリートに対抗する人々の権利と権力を支持する政治哲学」としている。エリートに対する民衆の対抗運動であることを重視する点では、これが本稿の立場に最も近い。

いずれにせよ、これらの英語辞書の説明を見る限りでは、ポピュリズムが大衆に「迎合」的であるという意味合いは出てこない。それが真に人々の利益を代表しているかは別にして、「人々を代表すると主張する」政党や思想がポピュリズムである、というにとどまる。そこでは、ポピュリズムが人々に「迎合」する、［　a　］であるかについては定かではない。またポピュリズムが望ましいもの、あるいは望ましくないものといった評価も読み取ることができず、その意味では中立的な説明といえる。そうだとすると、「大衆迎合主義」という日本のメディアにおける説明は、価値判断を含む、やや踏み込んだものであるといえるだろう。

（水島治郎「ポピュリズムは「大衆迎合主義」か」より）

＊民主党・共和党＝アメリカの二大政党。共和党は保守主義的政策を掲げ、逆に民主党は多文化主義、寛容政策などを採るリベラルな政党だと概括される。外交政策について共和党

の自国主義、民主党の協調主義、経済政策について共和党の企業優先、民主党の国民優先など政策的な方向の違いがある。

＊マリーヌ・ルペン率いるフランスの国民戦線＝ヨーロッパの右派的ポピュリズム政党のさきがけとなったフランスの党。移民に対する不寛容、自国至上主義などを打ち出し、しばしば極右政党と見なされてきた。

【問題】

問一

「現代のポピュリズム政党が右派であるとは限らないのである」という文を本文の中に補うとしたらどこが適切か。最適な位置を、文中の①～⑤から選び、記号を答えなさい。

問二

傍線部1「その歴史的記憶は今も残っている」とあるが、その記憶の内容として最適なものを、次の①～⑥から選び、記号を答えなさい。

① 建国の理念に訴える伝統主義
② 移民を排除しようとする排外主義
③ 自ら声をあげることをよしとしない農民主義
④ 経済、制度、文化的な面に渡る自国中心主義
⑤ 権力を独占してきた既成勢力に対する反抗心

⑥ エリート政治家が常に少数派を黙殺すること

問三

傍線部2「植民地由来の圧倒的な社会経済的な格差」とあるが、これに対処する政策として最適なものを、次の①～⑥から選び、記号を答えなさい。

① 基幹産業を国有化する。

② 社会政策の充実をはかる。

③ 欧米系の資本を排した国内産業を育成する。

④ 労働者、農民、中間層、下級将校などを優遇する。

⑤ 大地主、鉱山主ら一部富裕層の独占状態を解体する。

⑥ 雇用を増やす可能性のある外国資本の参入を支援する。

問四

[a]が文中に三か所あるが、これに入る語句として最適なものを、次の①～⑥から選び、記号を答えなさい。

① おもんぱかること

② 思いやること
③ いどむこと
④ からむこと
⑤ おもねること
⑥ いたわること

問五

傍線部3「そのような政治のあり方が望ましくないことは、いうまでもない」とあるが、その理由として最適なものを、次の①～⑥から選び、記号を答えなさい。

① 大衆に迎合する政治は外国人差別を助長し、自由や人権を損なうから。
② 大衆は一般的に政治についての専門的な知識や経験を持っていないから。
③ 現在は、大衆の生活が以前と違って十分に豊かになっているから。
④ 大衆は知名度や人気などの非政治的な動機から政治家を選びがちであるから。
⑤ 大衆受けのする言葉で目先の欲望に訴える政治は、大局的には危ういから。
⑥ 従来の政治は大衆の思いを十分にくみ取ることができていなかったから。

問六　傍線部４「その主張の中心部分に排外主義が位置づけられるかどうかは各国の文脈によるところが大きく」とあるが、その説明として最適なものを、次の①～⑥から選び、記号を答えなさい。

①現代ヨーロッパの反エリート的心情は、排外主義となじみやすい。
②移民と共生してきた大衆は、本来ならば排外主義を受け入れるはずはない。
③エリート集団にとって、移民、外国人、エスニックマイノリティーは縁遠い存在である。
④政治指導者よりも大衆の方が、人権差別は決して許されないことをよく理解している。
⑤ヨーロッパにおいて、反エリート運動と排外主義とが結びつくのは全くの偶然にすぎない。
⑥国ごとのさまざまな政治的要因によって、政治的な思想や心情のあり方は違ってくる。

問七　［ b ］に入る語句として最適なものを、次の①～⑥から選び、記号を答えなさい。

①拒絶　②賞賛　③非難　④忌避　⑤利害　⑥検討

問八　［ C ］に入る文として最適なものを、次の①〜⑥から選び、記号を答えなさい。

① 排外主義は日本の場合にはあてはまらない
② 排外主義はいかなる場合にも許されないというわけではない
③ 排外主義はヨーロッパのポピュリズムにのみ見られる特殊な現象にすぎない
④ 排外主義は排外主義それ自体としてきちんと批判すべきだ
⑤ 排外主義はいかなる国、いかなる地域にも見られる現象である
⑥ 排外主義は冷戦以後の世界に現れたきわめて現代的な現象である

【解説】

問一

脱落文挿入の問題と呼ばれている類の問題です。「現代のポピュリズム政党が右派であるとは限らないのである」という文章が本文から脱落しているので、正しい場所に戻りましょう、と言っているわけです。この脱落文の最後の四字に注目です。「のである」とあります。「のだ」や「のである」で終わっている文章は、その直前部分の言い換えである可能性が高いです。したがって、この脱落文の前に、「現代のポピュリズム政党が右派であるとは限らない」と同じ内容があるはずです。その後ろにこの脱落文が入ります。答えは③です。この前の38～41行目をお読みください。「ポピュリズム政党が（い：□□□□□）をとる」と書かれています。この「左派的姿勢をとる」というのが、脱落文の「（ろ：□□）であるとは限らない」というところと合致します。

問二

傍線1に関する問題でした。「その記憶（X）」の説明を求めているので、Xとイコールの内容を考えていくことになります。15〜16行目より、X＝（い：□□□）の記憶（Y）です。では、Yとは何でしょうか。10〜11行目より、人民党は（ろ：□□□□）や既成の政党を批判していましたね。したがって、Y「人民党の記憶」＝巨大企業や既成の政党を批判した記憶（Z）だといえるでしょう。三段論法を使えば、X＝Zなので、Zと合致する【は：□】が答えです。

問三

傍線②に対処する政策を答える問題です。まずは、傍線②の前後を読み、その傍線の内容を特定しましょう。今回は傍線②を含め、19〜20行目をご覧ください。ここから、傍線②＝「（い：□□）層が独占的に支配している状況（X）」です。傍線②の中に（ろ：□□）という言葉があり、これは力の差が大きいということを意味しますから、富裕層が圧倒的に強いというXは、傍線②と同内容、イコールです。さて、X「富裕層が独占的に支配している状況」に対処する政策は【は：□】しかありませんから、これが答えです。

このように、傍線自体の内容をつかめばすぐに答えがわかる問題も少なくありませんし、その作業が最初の一歩となるケースも多数ありますから、困ったら傍線とイコールの内容を考える習慣をつけておきましょう。

問四

これは比較的解きやすかったのではないでしょうか。一つ目の空欄aをご覧ください。その直前をみれば、空欄a＝「(い：□□)する」ですから、それと同内容の【ろ：□】が答えです。どちらも、自分の考えを曲げてでも相手の機嫌を取ろうとすることです。

問五

傍線3の理由を聞いています。傍線3の中に「そのような政治のあり方」という指示語がありましたから、まずはこの内容を把握して、傍線③とイコールの内容を作りましょう。74〜77行目より、傍線3＝「(い：□□□□)は望ましくない(X)」です。では、Xの理由は何でしょうか。95〜99行目をご覧ください。ここに大衆迎合の意味が書かれています。要するに、(ろ：□□□)の受けを狙って、彼らの(は：□□□□□)にすり寄るのが、世間で言われている「大衆迎合」なのですね。つまり、X「大衆迎合は良くない」の理由は、「選挙民の受けを狙って、彼らの力にすり寄るから(Y)」です。傍線3＝Xで、Xの理由はYですから、傍線3の理由もYになります。したがって、このYと合致する【に：□】が答えです。

問六

傍線4の説明を求めていますから、それとイコールの内容を考えていきましょう。今回は、傍線を前半と後半に分けましょう。前半部分では「その主張の中心が（い：□□□□）になるか」と述べられ、後半部分は「各国の文脈による」と述べられていました。文脈は、「前後関係」を意味する言葉です。今回は、その国の「状況」という意味で使われているでしょう。要するに、後半部分は「それぞれの国の状況による」と書かれていたわけです。さて、それでは前半に行きましょう。前半では、「（ろ：□□□□）」という指示語が出てきましたから、その内容を特定していきましょう。傍線4の直前を見れば、「その主張」というのは「反エリート的な（は：□□□□□□）の主張」だとわかります。以上の内容をまとめれば、傍線4＝「ポピュリズムの主張が排外主義になるかは、それぞれの国の状況による」となります。この内容の【に：□】が答えです。

問七

空欄bに入る言葉を考える問題でした。まずは前後（90～91行目）をご覧ください。ここから、「bの対象になるもの（X）」＝マリーヌ・ルペンから見た厳格な日本の（い：□□□□）です。では、Xとは何でしょうか。26〜28行目を見れば、マリーヌ・ルペンは移民や難民の（ろ：□□）を訴えています。そんな人から見れば、厳格な入国管理は理想的ですよね。したがって、Y「マリーヌ・ルペンから見た厳格な日本の入国管理」＝「理想的なもの（Z）です。」X＝Yで、Y＝Zですから、三段論法を使えば、X＝Zです。両者を同内容にするには、bに【は：□　※答えが入ります】を入れればいいですね。理想的だからこそ、ほめたたえるのです。よって、これが答えです。

問八

空欄cに入る言葉を考える問題でした。直前に「結局のところ」とありますから、この前で延べられた内容をまとめたのが空欄cだということになります。空欄cがある段落を読めば、厳格な入国管理（簡単に入国させない）をするような（い：□□□□）とポピュリズムは無関係だと述べられていました。それを言い換えた表現が空欄cに入りますから、答えは【ろ：□】になります。確かに、排外主義とポピュリズムが無関係ならば、両者を絡めず、排外主義自体をきちんと批判すべきです。

【空欄に入る言葉】

問一
い：左派的姿勢
ろ：右派
は：⑤

問二
い：人民党
ろ：巨大企業
は：⑤

問三
い：富裕
ろ：格差

問四
い：迎合
ろ：⑤

問五
い：大衆迎合
ろ：選挙民
は：目先の欲得
に：⑤

問六

い：排外主義

ろ：その主張

は：ポピュリズム

に：⑥

問七

い：排外主義

ろ：制限

は：②

問八

い：排外主義

ろ：制限

は：④

〈第四講〉

次の文章を読んで、後の問いに答えよ。

(注1)フロイトによれば、人間の自己愛は過去に三度ほど大きな痛手をこうむったことがあるという。一度目は、コペルニクスの地動説によって地球が天体宇宙の中心から追放されたときに、二度目は、ダーウィンの進化論によって人類が動物世界の中心から追放されたときに、そして三度目は、フロイト自身の無意識の発見によって自己意識が人間の心的世界の中心から追放されたときに。

しかしながら実は、人間の自己愛には、すくなくとももうひとつ、フロイトが語らなかった傷が秘められている。だが、それがどのような傷であるかを語るためには、ここでいささか回り道をして、まずは「(注2)ヴェニスの商人」について語らなければならない。

ヴェニスの商人―それは、人類の歴史の中で「(注3)ノアの洪水以前」から存在していた商業資本主義の体現者のことである。海をはるかへだてた中国やインドやペルシャまで航海をして絹やコショウや絨毯《じゅうたん》を安く買い、ヨーロッパに持ちかえって高く売りさばく。遠隔地としてヨーロッパとのあいだに存在する価格の差異が、莫大な利潤としてかれの手元に残ることになる。すなわち、ヴェニスの商人が体現している商業資本主義とは、地理的に離れたふたつの国のあいだの価格の差異を媒介して利潤を生み出す方法である。そこでは、利潤は差異から生まれている。

だが、A経済学という学問は、まさに、このヴェニスの商人を抹殺することから出発した。

> 年々の労働こそ、いずれの国においても、年々の生活のために消費されるあらゆる必需品と有用な物資を本源的に供給する基金であり、この必需品と有用な物資は、つねに国民の労働の直接の生産物であるか、またはそれと交換に他の国から輸入したものである。

『国富論』の冒頭にあるこのアダム・スミスの言葉は、一国の富の増大のためには外国貿易からの利潤を貨幣のかたちで蓄積しなければならないとする、重商主義者に対する挑戦状にほかならない。スミスは、一国の富の真の創造者を、遠隔地との価格の差異を媒介して利潤をかせぐ商業資本的活動にではなく、勃興しつつある産業資本主義のもとで汗水たらして労働する人間に見いだしたのである。それは、経済学における「人間主義宣言」であり、これ以後、経済学は「人間」を中心として展開されることになった。

たとえば、(注4)リカードやマルクスは、スミスのこの人間主義宣言を、あらゆる商品の交換価値はその生産に必要な労働量によって規定されるという労働価値説として定式化した。

実際、リカードやマルクスの眼前で進行しつつあった産業革命は、工場制度による大量生産を可能にし、一人の労働者が生産しうる商品の価値（労働生産性）はその労働者がみずからの生活を維持していくのに必要な消費財の価値（実質賃金率）を大きく上回るようになったのである。労働者が生産するこの剰余価値―それが、かれらが見いだした産業資本主義における利潤の源泉なのであった。もちろん、この利潤は産業資本家によって搾取されてしまうものではあるが、リカードやマルクスはその源泉をあくまでも労働する主体としての人間にもとめていたのである。

だが、産業革命から二百五十年を経た今日、ポスト産業資本主義の名のもとに、旧来の産業資本主義の急速な変貌が伝えられている。ポスト産業資本主義―それは、加工食品や繊維製品や機械製品や化学製品のような実体的な工業生産物にかわって、B技術、通信、文化、広告、教育、娯楽といったいわば情報そのものを商品化する新たな資本主義の形態であるという。そして、このポスト産業資本主義といわれる事態の喧騒のなかに、われわれは、ふたたびヴェニスの商人の影を見いだすのである。

なぜならば、商品としての情報の価値とは、まさに差異そのものが生み出す価値のことだからである。事実、すべての人間が共有している情報とは、その獲得のためにどれだけ労力がかかったとしても、商品としては無価値である。逆に、ある情報が商品として高価に売れるのは、それを利用するひとが他のひととは異なったことが出来るようになるからであり、それはその情報の開発のためにどれほど多くの労働が投入されたかには無関係なのである。

まさに、ここでも差異が価格を作り出し、したがって、差異が利潤を生み出す。それは、あのヴェニスの商人の資本主義とまったく同じ原理にほかならない。すなわち、このポスト産業資本主義のなかでも、労働する主体としての人間は、商品の価値の創造者としても、一国の富の創造者としても、もはやその場所をもっていないのである。

いや、さらに言うならば、伝統的な経済学の独壇場であるべきあの産業資本主義社会のなかにおいても、われわれは、抹殺されていたはずのヴェニスの商人の巨大な亡霊を発見しうるのである。

産業資本主義——それも、実は、ひとつの遠隔地貿易によって成立している経済機構であったのである。ただし、産業資本主義にとっての遠隔地とは、海のかなたの異国ではなく、一国の内側にある農村のことなのである。

産業資本主義の時代、国内の農村にはいまだに共同体的な相互扶助の原理によって維持されている多数の人口が滞留していた。そして、この農村における過剰人口の存在が、工場労働者の生産性の飛躍的な上昇にもかかわらず、彼らが受け取る実質賃金率の水準を低く抑えることになったのである。たとえ工場労働者の不足によってその実質賃金率が上昇しはじめても、農村からただちに人口が都市に流れだし、そこでの賃金率を引き下げてしまうのである。それゆえ、都市の産業資本家は、都市にいながらにして、あたかも遠隔地交易に従事している商業資本家のように、労働生産性と実質賃金率という二つの異なった価値体系の差異を媒介できることになる。もちろん、そのあいだの差異が、利潤として彼らの手元に残ることになる。これが産業資本主義の利潤創出の秘密であり、それはいかに異質に見えようとも、利潤は差異から生まれてくるというあのヴェニスの商人の資本主義とまったく同じ原理にもとづくものなのである。

この産業資本主義の利潤創出機構を支えてきた労働生産性と実質賃金率とのあいだの差異は、歴史的に長らく安定していた。農村が膨大な過剰人口を抱えていたからである。そして、この差異の歴史的な安定性が、その背後に「人間」という主体の存在を措定してしまう、C伝統的な経済学の「錯覚」を許してしまったのである。

かつてマルクスは、人間と人間との社会的な関係によってつくりだされる商品の価値が、商品そのものの価値として実体化されてしまう認識論的錯覚を、商品の物神化と名付けた。その意味で、差異性という抽象的な関係の背後にリカードやマルクス自身が措定してきた主体としての「人間」とは、まさに物神化、いや人神化の産物にほかならないのである。

差異は差異にすぎない。産業革命から二百五十年、多くの先進資本主義国において、無尽蔵に見えた農村における過剰人口もとうとう枯渇してしまった。実質賃金率が上昇しはじめ、もはや労働生産性と実質賃金率とのあいだの差異を媒介する産業資本主義の原理によっては、利潤を生みだすことが困難になってきたのである。あたえられた差異を媒介するのではなく、みずから媒介すべき差異を意識的に創りだしていかなければ、利潤が生み出せなくなってきたのである。その結果が、差異そのものである情報を商品化していく、現在進行中のポスト産業資本主義という喧噪に満ちた事態にほかならない。

差異を媒介して利潤を生み出していたヴェニスの商人 X ——あのヴェニスの商人の資本主義こそ、まさに普遍的な資本主義であったのである。そして、 D 「人間」は、この資本主義の歴史のなかで、一度としてその中心にあったことはなかった。

（岩井克人「資本主義と『人間』」による）

（注）

1. フロイト——オーストリアの精神医学者（一八五六〜一九三九）。精神分析の創始者として知られる。
2. 「ヴェニスの商人」——シェークスピアの戯曲『ヴェニスの商人』をふまえている。

3. ノアの洪水——ノアとその家族が方舟に乗り大洪水の難から逃れる、『旧約聖書』に記されたエピソード。

4. リカード——アダム・スミスと並ぶイギリスの経済学者(一七七二〜一八二三)。

【問題】

問1

傍線部A「経済学という学問は、まさに、このヴェニスの商人を抹殺することから出発した」とあるが、それはどういうことか。その説明として最も適当なものを、次の①〜⑤のうちから一つ選べ。

①経済学という学問は、差異を用いて莫大な利潤を得る仕組みを暴き、そうした利潤追求の不当性を糾弾することから始まったということ。

②経済学という学問は、差異を用いて利潤を生み出す産業資本主義の方法を排除し、重商主義に挑戦することから始まったということ。

③経済学という学問は、差異が利潤をもたらすという認識を退け、人間の労働を富の創出の中心に位置づけることから始まったということ。

④経済学という学問は、労働する個人が富を得ることを否定し、国家の富を増大させる行為を推進することから始まったということ。

⑤経済学という学問は、地域間の価格差を利用して利潤を得る行為を批判し、労働者の人権を擁護することから始まったということ。

問2

傍線部B「技術、通信、文化、広告、教育、娯楽といったいわば情報そのものを商品化する新たな資本主義の形態」とあるが、この場合、「情報そのもの」が「商品化」されるとはどういうことか。その具体的な説明として最も適当なものを、次の①~⑤のうちから一つ選べ。

①多くの労力を必要とする工業生産物よりも、開発に多くの労力を前提としない特許や発明といった技術の方が、商品としての価値をもつようになること。

②刻一刻と変動する株価などの情報を、誰もが同時に入手できるようになったことで、通信技術や通信機器が商品としての価値をもつようになること。

③広告媒体の多様化によって、工業生産物それ自体の創造性や卓越性を広告が正確にうつし出せるようになり、商品としての価値をもつようになること。

④個人向けに開発された教材や教育プログラムが、情報通信網の発達により一般向けとして広く普及したために、商品としての価値をもつようになること。

⑤多チャンネル化した有料テレビ放送が提供する多種多様な娯楽のように、各人の好みに応

じて視聴される番組が、商品としての価値をもつようになること。

問3

傍線部C「伝統的な経済学の『錯覚』」とあるが、それはどういうことか。その説明として最も適当なものを、次の①～⑤のうちから一つ選べ。

①産業資本主義の時代に、農村から都市に流入した労働者が商品そのものの価値を決定づけたために、伝統的な経済学は、価値を定める主体を富の創造者として実体化してしまったということ。

②産業資本主義の時代に、都市の資本家が農村から雇用される工場労働者を管理していたために、伝統的な経済学は、労働力を管理する主体を富の創造者と仮定してしまったということ。

③産業資本主義の時代に、大量生産を可能にする工場制度が労働者の生産性を上昇させたために、伝統的な経済学は、大きな剰余価値を生み出す主体を富の創造者と認定してしまったということ。

④産業資本主義の時代に、都市の資本家が利潤を創出する価値体系の差異を積極的に媒介していたために、伝統的な経済学は、その差異を媒介する主体を利潤の源泉と見なしてし

まったということ。

⑤産業資本主義の時代に、農村の過剰な人口が労働者の生産性と実質賃金率の差異を安定的に支えていたために、伝統的な経済学は、労働する主体を利潤の源泉と認識してしまったということ。

問4

傍線部D「『人間』は、この資本主義の歴史のなかで、一度としてその中心にあったことはなかった」とあるが、それはどういうことか。本文全体の内容に照らして最も適当なものを、次の①〜⑤のうちから一つ選べ。

①商業資本主義の時代においては、商業資本主義の体現者としての「ヴェニスの商人」が、遠隔地相互の価格の差異を独占的に媒介することで利潤を生み出していたので、利潤創出に参加できなかった「人間」の自己愛には深い傷が刻印されることになった。

②アダム・スミスは『国富論』において、真の富の創造者を勤勉に労働する人間に見いだし、旧来からの交易システムを成立させていた「ヴェニスの商人」を市場から退場させることで、資本主義が傷つけた「人間」の自己愛を回復させようと試みた。

③産業資本主義の時代においては、労働する「人間」中心の経済が達成されたように見えた

が、そこにも差異を媒介する働きをもった、利潤創出機構としての「ヴェニスの商人」は内在し続けたため、「人間」が主体として資本主義にかかわることはなかった。

④マルクスはその経済学において、人間相互の関係によってつくりだされた価値が商品そのものの価値として実体化されることを物神化と名付けたが、主体としての「人間」もまた認識論的錯覚のなかで物神化され、資本主義社会における商品となってしまった。

⑤ポスト産業資本主義の時代においては、希少化した「人間」がもはや利潤の源泉と見なされることはなく、価値や富の中心が情報に移行してしまったために、アダム・スミスの意図した「人間主義宣言」は完全に失効したことが明らかとなった。

問5

波線部Xのダッシュ記号「――」のここでの効果を説明するものとして適当でないものを、次の①〜④のうちから一つ選べ。

①直前の内容とひと続きであることを示し、語句のくり返しを円滑に導く効果がある。

②表現の間を作って注意を喚起し、筆者の主張を強調する効果がある。

③直前の語句に注目させ、抽象的な概念についての確認を促す効果がある。

④直前の語句で立ち止まらせ、断定的な結論の提示を避ける効果がある。

問6

この文章の構成の説明として最も適当なものを、次の①〜④のうちから一つ選べ。

①人間の主体性についての問題を提起することから始まり、経済学の視点から資本主義の歴史を起源にさかのぼって述べ、商業資本主義と産業資本主義を対比し相違点を明確にした後、今後の展開を予測している。

②差異が利潤を生み出すことを本義とする資本主義において、人間が主体的立場になかったことを検証した後、その理由を歴史的背景から分析し、最後に人間の自己愛に関する結論を提示している。

③人間の自己愛に隠された傷があることを指摘した後で、差異が利潤を生み出すという基本的な資本主義の原理をふまえてその事例の特徴を検証し、最後に冒頭で提起した問題についての見解を述べている。

④差異が利潤を生み出すという結論から資本主義の構造と人間の関係を検証し、人間の労働を価値の源泉とする経済学の理論にもとづいて、具体的な事例をあげて産業資本主義の問題を演繹的に論じている。

【解説】

問一

傍線Aってどういうこと？　と説明を求めていますから、傍線Aとイコールの内容を考えます。その傍線Aの中に「ヴェニスの商人」とありますから、まずはこれとイコールの内容を考えましょう。13〜14行目を見れば、ヴェニスの商人とは、人間のことではないとわかるでしょう。これは、差異から（い：□□）を生む方法のことなのです。また、傍線Aの中に「（ろ：□□）」とありますが、これは「否定する」という意味です。ヴェニスの商人が人間であれば、文字通り殺すということになりますが、人間ではなく方法でした。方法を抹殺するとなると、それは否定するという意味になります。以上より、傍線A＝「経済学は差異から利潤を生むことの否定から始まった（X）」だとわかります。しかし、このXを4以外の選択肢はきちんと述べていますので、答えを特定できません。したがって、さらにこのXとイコールの内容を考えて、選択肢を絞り込むことになります。ご覧いただきたいのは24〜26行目です。ここから、「富を創造するのは人間の（は：□□）だ」とわかります。これは、「利潤を生むのは差異ではない」という内容になりますね。人間が利潤（＝富）を生んでいるのですから。さて、これで三段論法に持っていけます。傍線A＝X「経済学は歳から利潤を生むことの否定から始まった」で、X＝「経済学は、人間の労働が利潤を生むと考えることから始まった（Y）」ですから、傍線A＝Yなので、Yと合致する【に：□】が答えです。

【ビジュアル解説】

傍線A「経済学は、ヴェニスの商人を抹殺することから始まった」

＝

13〜14行目より、

経済学は、差異から利潤を生むのを否定することから始まった（X）

＝

24〜26行目より、

経済学は、人間の労働が利潤を生むと考えることから始まった（Y）

よって、Yと合致する③が答え。

問二

「情報そのものが商品化される（X）」の説明を求めていますから、このXとイコールの内容を考えます。38～41行目を見れば、X＝「（い：□□□□□□□□□）の特徴（Y）」だとわかります。では、Yとは何でしょうか。41～42行目から、Y＝ヴェニスの商人の（ろ：□）があること（Z）だとわかります。これで、三段論法を使ってZが答え…と行きたいところですが、ヴェニスの商人って何？　という壁に当たります。9～15行目（よりピンポイントで言えば13～15行目）から、ヴェニスの商人＝差異から（は：□□）を生みだすことだとわかります。これで答えが特定できますね。Z「ヴェニスの商人の影があること」が答えでしたが、それはつまり、「差異から利潤を生み出しているということ」ですので、それと合致している【に：□】が正解です。この選択肢なら、番組に差異があり、そのおかげで利益が出ているという意味になります。ちなみに、③の選択肢が一番惜しいと思いますが、ここで利益を生んでいるのは「（ほ：□□）であること」なので、不適切です。

問三

傍線Cの説明を求めているので、これとイコールの内容を探します。24～27行目から読み取れますが、経済学は（い：□□）の労働が利潤を生むと考えました。しかし、70～71行目などを見れば、利潤を生むのは（ろ：□□）だったのです。ということで、傍線C「伝統的な経済学の錯覚」＝「本当は差異が利潤を生むのに、人間の労働が差異を生むと考えた」です。その内容になる【は：□】が答えです。

問四

傍線Dの説明を求めているので、傍線Dとイコールの内容を考えます。13〜15、48〜51、66〜69行目を見れば、商業資本主義でも、ポスト産業資本主義でも、（い：□□□□□）でも、利潤を生むのは差異でした。これで、傍線D「人間は資本主義の中で一度も中心になっていない」＝「いつも主役は（ろ：□□）だった」になります。

その内容になる選択は【は：□】なので、これが答えです。

ただ、実は①がなかなか惜しかったです。紛らわしかったですよね。本文では三種類の資本主義が出ていましたが、この選択肢は商業資本主義の話しかしていないのです。そこが不適切なポイントでした。

※③なら、「そこにも」と書かれているので、他の資本主義にも触れていると解釈できます。

問五

波線Xの役割として不適切な選択肢を答える問題です。波線Xの直後に注目です。ヴェニスの商人の資本主義は、(い：□□□) な資本主義だったと「断定」しています。したがって、【ろ：□】の選択肢がそれと真逆の内容なので、不適切です。これが答えでした。

問六

これは消去法的に対応することになります。結論から言うと、答えは③なのですが、他の選択肢をきちんと切っておきましょう。まず①ですが、後半に注目です。商業資本主義と産業資本主義を(い：□□) していると述べています。しかし、どちらも差異が利潤を生むという点で同じですから、不適切です。②の選択肢に移ります。前半に注目してください。「(ろ：□□□□) において、人間が主体的立場にいなかったことを検証した後」と書かれています。これは不適切ですね。本文の最後に傍線Dがあります。ここで、人間が主体的立場にいなかったという本文における結論を述べています。この後に何か意見を述べたりはしていませんので、おかしいです。最後に④を扱いましょう。これは中盤です。「人間の労働を価値の源泉とする (は：□□□) の理論に基づいて」とあります。価値 (利潤) の源泉は労働ではなく差異ですから、この説明はおかしいです。

念のため、③の選択肢にも触れておきましょう。1〜5行目に、人間の自己愛が傷つけられたという話が出ています。三つの例が出てきましたが、いずれも「人間が（に：□□）にいられなくなった」という内容です。そして、6〜7行目で、隠されたもう一つの傷があると述べます。つまり、四つ目の「中心にいられなかった」というエピソードがあると言っているのです。それは、結局最後の傍線Dでまとめられましたが、（ほ：□□□□）の歴史の中で、人間は中心にいなかった（いつも主役は差異でしたね）というものです。以上の流れを③はきちんと押さえていますから、これが正解です。

【空欄に入る言葉】

問一
い：利潤
ろ：抹殺
は：労働
に：③

問二
い：ポスト産業資本主義
ろ：影
は：利潤
に：⑤
ほ：正確

問三
い：人間
ろ：差異
は：⑤

問四
い：産業資本主義
ろ：差異
は：③

問五
い：普遍的
ろ：④

問六
い：対比
ろ：資本主義
は：経済学
に：中心
ほ：資本主義

〈第五講〉

次の文章は、ある地域の音楽文化が他の地域に移しかえられる現象である「音楽移転」について述べたものである。これを読んで、後の問に答えよ。

Ⅰ　音楽移転とは音楽文化総体を移しかえることである。そのなかには、音楽を解釈するコードの移転も含まれる。つまり、どのような楽音なら美しいとされ、あるいは逆に耳障りとされるかという基準である。感性の移転と言いかえてもよい。たとえば、日本の在来音楽では、喉から絞りだすような発声が「渋い」と評価された。しかし、それは洋楽では否定される。代わって、喉を開いて声を響かせる歌い方――以前であれば、「犬の遠吠え」だったはずだが――が美声となる。

感性の変化は、感性を支える［ a ］の次元にも影響する。感じ方が変わると、［ a ］への感覚やそれに関する規範も変化していく。こうした変化は、明治期の洋楽にも見てとることができるのである。

当時の演奏批評を見ていると、日本人洋楽家の演奏について一種の定番的な評言があることに気づく。すなわち、技巧はともかくとして、表現力が不足しているというのである。たとえば、東京音楽学校のヴァイオリン教授だった頼母木こまの場合である。頼母木はある演奏会評で「演奏上のミステイクは比較的少ないが、肝心の表情が殆んど皆無だ」と酷評された。逆に、表現力が秀抜だとなると、高い評価となる。たとえば、同じくヴァイオリンの幸田延の場合、「名人の域に達し〔略〕特にエクスプレッションのよく発表せられたる意気の張りしは感嘆の他なし」と、手放しの称賛でもある。もっとも、その幸田も他の批評家にかかれば、「技巧（テクニック）一点張り」で、表情（アウスドルック）の力に重きを置」いていない、と手厳しくやられる。まるで正反対の評価だから、さてどちらが正しいのかと迷うところである。ただ確実なことは、表現力の有無が評価の大きな基準とされている点である。

ある批評家に言わせれば、表現力不足は単に演奏家個人の問題ではない。その背景には、日本の在来音楽に内在する問題点があるのだという。それは「西洋音楽のエクスプレッションは日本音楽に於《おい》て全く欠けたるが如く思わるる」点である。この欠点は、日本の洋楽にとってきわめて重大だと、批評家たちは考える。なぜなら、「音楽を一層美妙ならしむるはこの発相（エクスプレッション）にある」からだ、と。

実際に当時の洋楽家におしなべて表現力が不足していたのか否かは、今日では判断のしようがない。後で述べるように、評論する側に公平な評価をするだけの経験と識見があったかは疑わしいのである。

さらに言えば、こうした評言には、欧化とともにもちこまれた、いわゆるオリエンタリズム的な先入観が反映している可能性も否定できない。すなわち、西洋文明が躍動的で男性的なのに対して、東洋は受動的で女性的な文明原理をもつとするステレオタイプである。この色眼鏡が、[b]可能性はある。

しかしもし、表現力の不足が実際に日本人洋楽家に共通の欠点だったのだとしたら、やはりそれなりの理由は考えられる。

第一に、感性面でのズレがあろう。この時代の洋楽家は幼少期より在来音楽の文化環境で育ち、その後も邦楽を趣味として続けたケースが多い。彼ら第一世代は、いわば下半身が在来音楽の感性にどっぷり浸かっていたといってよい。長じてから学びはじめた洋楽は、彼らのなかになかなかしみ通っていかない。頭では「文明的」で優れたものだと了解し、あるいはそれに携わることが「公的義務」と納得していても、である。好例はリズム感である。日本の在来音楽には元来、ビート的なリズムがない。そうした音楽文化で育ってきた者には、それ三拍子だ、ワルツだといっても、身体がそれに「のって」いかない。今日でもよく、「日本人にはリズム感が乏しい」などという意見を耳にするくらいである。第一世代の洋楽家は、西洋音楽に特有の情感を求められても、この感性面のズレはいかんともしがたかったろう。

Ⅱ

問題のもう一つの次元は、感性に関わる規範である。多数の聴衆を前にした演奏会は一種の公的な場である。そうした公的な場で、演奏家が自らの個人的感情を表出することが是認されるかどうかという点である。音楽にかぎらず、およそ公的な場では情動表現を慎むというのが、日本の通念的な行為規範であった。見ず知らずの人前で喜怒哀楽を表に出すのははしたない行為なのである。音楽に関していえば、演奏者は総じて感情表出を抑制するのが普通である。謡や長唄では、曲調がどうあれ、演奏者は姿勢を崩さず、表情を変えることなく奏でつづける。

一方、西洋の音楽文化では、演奏者が曲想にあわせて自らの感情を表情や身振りで表出することは尋常である。とくに独奏では、ロマンチックな旋律に合わせて、演奏者が目を閉じてその響きに浸るごとき風情を見せることがある。また曲調が高まってくると、リズムにあわせて身体が揺れるのはよく見る風景である。

こうした洋風の舞台「作法」が、当時の日本で議論の種になったのは不思議ではない。一方には、わが国にはそぐわないと否定する意見があった。逆に、西洋の舞台所作に新鮮さを覚える者も少なくなかった。

賛否両論があること自体、演奏における情動表出という問題が日本側に新奇なものだったことを物語っている。その意味で、先に紹介した評論家たちが、「エクスプレッション」

とか「アウスドルック」などと外来語を使ったのは示唆深い。彼らの語彙にexpression（英）やAusdruck（独）の訳語としてしっくり来るものがなかったのである。そもそも表現力という観念になじみがなかったため、と考えられる。

以上の想像が誤っていなければ、旧来の感情抑制的な文化のなかで育ってきた日本の洋楽家にとっては、演奏時の感情表出には心理的抵抗があったはずである。とくにこの種の［ C ］を強くこうむった女性演奏者の間では、抵抗はいっそう強かったろう。それが、当時の批評家には表現力不足と映ったというのは、大いにありうることである。ちなみに、先述の批評で取りあげられた二人の女性演奏家のうち、高い評価を受けた幸田延には長い滞欧経験があったことは決して偶然ではあるまい。一方、頼母木は留学していない。

注意しておきたいのは、ここで述べた二つの問題、すなわち異質な西洋的感性と感情表出に関わる規範という問題は、根底においては通じあっている点である。情感は、表出されて初めて情感となる。逆にいえば、情感が規範によって表現を阻まれてしまえば、それは情感ではない。規範のせいで表出されない感性が潜在する、というような事態はありえないのである。さらに言えば、この表出抑制が、今度は情感それ自体の発達を妨げる方向に作用するはずである。

Ⅲ　表現力不足という定番的批判が横行した背景としては、もう一つ、当時の批評家の力量を考えておく必要があろう。この時代、音楽専門誌もすでに数種のものがあったし、また文芸誌や日刊紙にも演奏会批評が掲載されることも少なくなかった。ただ、問題は批評をする側の能力である。洋楽教育がまだ十分に普及せず、また演奏機会も乏しかった当時、批評家に公平で的確な評価を下すだけの識見経験が十分備わっていたとは思えないのである。

たとえば、世紀転換期前後の『読売新聞』には、「楽石」という署名入り音楽批評が多数載る。「楽石」は伊沢修二の号である。伊沢はなるほど西洋音楽の導入の立役者であり、またある程度の音楽的素養はあった。簡単な唱歌程度の曲ではあるが、自ら作曲もしている。しかし、音楽の専門的訓練は受けたことはない人物である。また、優れた音楽に他人より多く接していたとも考えられない。伊沢は、若き日にボストンに留学した後は、ずっと日本で過ごしてきた。洋楽にふれる機会は他の明治日本人とさして変わらないわけである。その彼が、幸田延など当時の一流どころの演奏家の技術や解釈を云々する。

新聞の音楽批評が当時どんなものであったか、その舞台裏を音楽研究者の田辺尚雄が学生時代の思い出として紹介している。高名な芸術家の来演というので、某一流紙からも記者が取材に来た。ところがこの記者、洋楽とはまったく畑違いの人物であった。彼は、客席で偶然隣あわせになった田辺が音楽通だとわかると、田辺にその場で洋楽についての解説を頼みこんだ。そして、田辺の話を一通り聞き終わると、ろくに演奏を聴きもせずに帰ってしまったのである。その翌日には、この公演を激賞した演奏会評が当の新聞に掲載された。

ここまで極端なのはさすがに例外的ではあったろうが、A批評家の能力に大きな疑問があったのはまちがいなさそうである。だとすれば、彼らの間に、音楽や演奏そのものに注意を向けず、身振りや外観に目を奪われる傾向があったとしても無理はない。

さて以上のように、批評家の「表現力不足」批判の根拠がいささか危ういものであったとしても、当の洋楽家にしてみればそれで済むわけではない。①理のある批判であろうがなかろうが、ともかく批判を受ければ、対応しないわけにはいかない。②さて、どうすれば「エクスプレッション」は習得できるのだろうか。

これについては、「音楽性」を高めるのが王道、というような答がありそうである。③ただ、この「音楽性」なる語、現代でもよく耳にするが、その内実はあまり定かではない。ましてや、どうすればそれを高められるのかとなると、まったく不明である。④

となれば、だれしも考えつくのは、欧米音楽家の舞台上での所作を模倣することである。⑤安易な近道かもしれない。ただ、情動と身体的動作は互いに高めあう面があるから、この発想はそうはまちがってもいまい。⑥

　所作の模倣という思考がさらに昂じると、感情をより生の形で出すことが、洋楽の本質により深く迫ることになるという発想が生まれる。演奏ではなく感情表出の所作が主、という論理の逆転である。ついには、所作が演奏から離れて独走しかねない。しかし興味深いことに、これが当時の聴衆に大いに訴えたのである。

（竹中亨『明治のワーグナー・ブーム　近代日本の音楽移転』による）

【問題】

問一
二箇所ある空欄aには同じ言葉が入る。最も適当な言葉を、次のア〜オの中から選び、その記号を答えなさい。

ア．精神　イ．神経　ウ．理性　エ．身体　オ．器官

問二
空欄bに入る最も適当な表現を、次のア〜オの中から選び、その記号を答えなさい。

ア．西洋の演奏家を表現力を持たない存在であるかのよう印象づけた
イ．日本人の演奏をダイナミックさが欠けると映じさせるよう作用した
ウ．日本の在来音楽が保持してきたテクニックを重視するよう方向づけた
エ．日本女性の演奏を男性の演奏より劣っていると判断させるよう誘導した
オ．西洋の音楽文化をロマンチックで受動的なものとして認識するよう促した

問三

空欄ｃに入る最も適当な表現を、次のア～オの中から選び、その記号を答えなさい。

ア．普遍的束縛　イ．道徳的規制　ウ．文化的弾圧　エ．社会的損害　オ．観念酌批判

問四

傍線Ａ「批評家の能力に大きな疑問があった」とあるが、それを説明した次の文章の空欄に入る、最も適当な二十六字の表現を、Ⅰ（「音楽移転とは音楽文化総体を……ズレはいかんともしがたかったろう。」）から抜き出し、その表現の始めの五字を記せ。ただし句読点や符号がある場合には、それも字数に数える。

明治期の日本においては、洋楽教育がまだ十分に普及しておらず、また洋楽に触れる機会も乏しかった。それゆえ、当時の雑誌や新聞に音楽批評を掲載した批評家や記者たちに、洋楽の演奏に対する［　　］のである。

問五

次の文は、本文中の①〜⑥のどの箇所に挿入するのが最も適当か、その数字を答えなさい。

明治の洋楽家にとっては、今日のわれわれ以上に了見がつかなかったろう。

問六

次のア〜オの中から、本文の内容に合致しているものを一つ選び、その記号を答えなさい。

ア．音楽移転とは、西洋文化の総体を他の地域に移しかえることであり、その結果、明治期の日本では発声に関する美的基準に変化が起こり、喉から絞りだすような「渋い」声を評価する感性が芽生えた。

イ．海外で音楽の専門的訓練を受けた伊沢修二は、リズム感など感性面での問題を克服することはできなかったが、洋楽を文明的で優れたものだと理解し、洋楽の演奏を公的な義務であると認識していた。

ウ．西洋の音楽文化においては、曲想に合わせて演奏者が自分の感情を表情などで観客に示すことは当たり前であるが、明治期の日本においては、情動を表出するそのような舞台所作に賛否が寄せられた。

エ．洋楽の演奏に求められる情感とは、抑制されることによって初めて成立するものであり、明治期の演奏家が受けた表現力不足という批判は、このような情感の特質に対する無理解から引き起こされた。

オ．明治日本の洋楽家は、欧米演奏家の演奏法や行動を模倣することが洋楽の本質に深く迫る行為であると考え、このような考えのもと、演奏を感情表出の所作よりも上位に置く論理の逆転を生み出した。

【解説】

問一

空欄aに入る言葉を聞いている問題でした。7行目より、空欄a＝（い：□□）を支えるもの（X）だとわかります。次に37〜39行目に注目しましょう。（ろ：□□□）が在来音楽（日本の音楽）に浸かっていると、洋楽を受け入れられないと書かれています。つまり、下半身が日本の音楽になじんでいると、洋楽を受け入れるような感性を持てないということです。以上より、X「感性を支えるもの」＝下半身だったとわかるので、それと合致する【は：□】が答えになります。

問二

空欄bに入る言葉を考える問題でした。前後に注目です。「この色眼鏡が b 可能性はある」とあります。ここから、 b ＝「この（い：□□□）による可能性」です。では、「この色眼鏡（先入観という意味の言葉です）」とはなんでしょうか。「この」とありますから、直前を見ればいいですね。31〜32行目より、この色眼鏡＝西洋文明は躍動的で、（ろ：□□）は受動的という先入観です。この先入観によって生まれるであろう内容が、答えの選択肢です。そしてそれは【は：□】になります。「この選択肢の（に：□□□□□□）が欠ける」というのが、日本は受動的だという内容と合致します。

問三

空欄cに入る言葉を聞いている問題です。66〜67行目より、cをこうむった人＝「演奏時の感情表出に（い：□□）がある人（X）」です。そして、65〜66行目より、X「感情表出に抵抗がある人」＝「（ろ：□□□□□）な文化で育った人」ですから、このような内容になる選択肢を選べば正解です。よって、【は：□】が答えとなります。

アとウが紛らわしかったと思われます。ただ、ここはあくまで演奏時の話ですから、アの「（に：□□□）」はおかしいです。というのも、普遍とは「いつでもどこでも変わらない」という意味のことばです。演奏時に限定しているこの場面にはそぐわないでしょう。ウは「弾圧」が強すぎました。本来この言葉は権力者が抵抗するものたちを押さえつけることを意味しますから、ここで使うのは大げさです。もっと「差別されていた」というニュアンスが強ければ、議論の余地もあったのですが、「評価が低い」程度では、弾圧という言葉は使えないでしょう。

問四

設問の後ろにある、空欄がある文章を最初から読んでいきましょう。そうすれば、空欄＝明治期の批評家や（い：□□）の特徴（①と置きます）だとわかります。28行目の「（ろ：□□□□□）」がここでいう評論家や記者のことです。それを踏まえて28～29行目を見れば、①「明治期の批評家や記者の特徴」＝「公平な評価を下す能力がない（②）」だとわかります。したがって、②の部分が答えになります。はじめの5字を答える問題なので、「【は：□□□□□】」が正解です。

問五

設問の後にある脱落文自体に注目です。「（い：□□）がつかなかったろう」とあります。ありていに言えば、「わからなかった」という意味です。この内容が入るのは④です。直前には現代の人間でも「（ろ：□□□）」が何なのかわからないと書かれています。そうであれば、脱落文にある通り、明治時代の人はなおさらわからないでしょう。また、④の後ろですが、欧米演奏家の所作を（は：□□）したと書かれています。わからないから。模倣（真似）

するしかないのです。ということで、脱落文を入れて、前後とうまくつながるのは④なので、これが答えです。

問六

これは消去法的に対処する問題です。アですが、本文の1行目に注目です。音楽移転とは（い：□□□□□□）を移し替えることです。つまり、音楽文化であればなんでもいいのであって、アのように（ろ：□□）文化に限定してはいけないのです。したがって、これは選べません。

イに移りましょう。これは（は：□□□□）という人物についての記述です。彼の説明は84行目から始まっており、87行目までを読めば、音楽の（に：□□□□□）は受けていないと書かれています、したがって、イはこの記述と逆なので、選べません。

ウの選択肢に参りましょう。この選択肢の前半で、演奏者が自分の（ほ：□□）を示すと書かれて言います。これは、53～56行目と合致します。ロマンチックな響きに（へ：□□）風情を見せたり、（と：□□）を揺らせたりするのは、まさに感情を示す行為です。また、ウの後半では、日本において、（ち：□□）があったと書かれています。これは、57～59行目と合致します。

なお、ここの「(り：□□□) を覚える」というのは、肯定的に捉えていることを示しているので、賛否の「賛」にあたります。以上より、ウが答えです。

エに移ります。この選択肢の前半で、「情感は (ぬ：□□) されることで成り立つ」とありますが、これは72~74行目と合いません。(る：□□) を阻まれたら (つまり抑制されたら) それはもう情感ではないのでした。最後にオです。これは選択肢の後半です。(を：□□) が上で、(わ：□□□□) が下という内容になっています。111~113行目より、これは反対ですから、不適切です。

【空欄に入る言葉】

問一
い：感性
ろ：下半身
は：エ

問二
い：色眼鏡
ろ：東洋
は：イ
に：ダイナミックさ

問三
い：抵抗
ろ：感情抑制的
は：イ
に：普遍的

問四
い：記者
ろ：評論する側
は：公平な評価

問五
い：了見
ろ：音楽性
は：模倣

問六
い：音楽文化総体
ろ：西洋
は：伊沢修二
に：専門的訓練
ほ：感情
へ：浸る
と：身体
ち：賛否
り：新鮮さ
ぬ：抑制

る：表現
を：演奏
わ：感情表出

〈第十八講〉

以下の文章を読んで後の設問に答えよ。

身体はその筋肉と骨格の構造から、つねに動こうと身構え、格別の目的がなくてもたえず小さく動いている存在である。そして逆に身体は動くことによって形成され、動きの様式によって容姿と形態を決定されている。ホモ・サピエンスはもともと二足歩行の可能な身体構造を備えているが、その構造は幼児期に教育を受けたうえ、現に歩くことによって初めて完成され、一生を通じて歩き続けることによって強化されているのである。

その意味で身体のあり方と運動の様式はほぼ同義語なのであるが、この様式が十九、二十世紀を通じて世界的に標準化されてきたのは明らかだろう。もっとも身体運動の標準化は、十九世紀段階ではおもに生産労働の規格化を通じておこなわれた。機械生産が普及したうえ、農業や土木工事のような作業も近代化され、それに応じて労働の仕方も世界共通の様式を持ち始めた。もちろん職人仕事、家事労働といった分野ではまだ伝統の違いが残っているが、大企業の事務や製造や販売の現場など、文明の中心を占める労働の分野では国際化が進んだ。早い話が、(1)算盤や鋸の使い方には地域による差異があるが、電卓や電動鋸の操作法にはもはやそんなものはないのである。

しかしここで忘れてはならないのは、人間の身体運動はそもそも、そうした生産や実用の世界に限られていないということだろう。先に述べたように、身体運動は身体の構造のなかにつねに秘められているものであり、いいかえれば外界に働きかけるだけではなく、身体が身体であるために、身体が存続するためにたえず機能しているものなのである。

　身体はしばしば、倦怠感や所在なさを解消するためだけにも動く。みずからを癒し、みずからを粧い、みずからを強めるためだけにも動く。何よりもみずからの存在を感じ、それを鋭く意識するために動く。身体はみずからがあることを確かめ、その存在感を味わうためにも運動するのである。要するに生産的、実用的な身体運動が「する」身体の営みだとすれば、ここにはもう一つ別の運動があって、それは「ある」身体の自己確認の営みだといえるだろう。

　そしてとりわけ二十世紀に顕著なことは、世界的な統一の趨勢が、この身体の自己確認のための運動の様式にまでおよんだことであった。非生産的、非実用的な行動の様式が、にわかに文明の境を超え始めたのである。

　まずいわゆる文化交流の進展に伴って、日常生活の礼儀作法の共通理解が深まった。西洋風のテーブル・マナーと食器が東漸したのにたいして、やや遅れて箸の使い方を西洋人が学ぶようになった。椅子とベッドの生活が日本の家庭に浸透したころ、アメリカの居間ではラグを床に敷いて座ってくつろぐ姿がめだち始めた。握手、抱擁、お辞儀、接吻といった挨拶の様式も、若い世代では異文明のあいだで共通の意味を持つことになった。異質性は宗教儀式とそれにまつわるタブーの領域に限られ、世俗的な祭典というべき交歓の様式は世界のどこでもあい似ている。とくに若者の舞踊や音楽、パーティーやイベントに集まって楽しむ騒ぎ方には、東西南北の違いはほとんどなくなったといえるだろう。

だがそれ以上に重要なのは、二十世紀におけるスポーツの地球規模の普及であった。一つには野球やテニスやサッカーなど商業スポーツの影響、もう一つには一八九六年に始まったオリンピックの寄与が大きかった。

ここで注意しておくべきことは、(2)スポーツが一見、「する」身体の行動であるように見えながら、じつは典型的な「ある」身体の行動だという事実である。たしかに速く走ることも、高く跳ぶことも、ボールを投げたり蹴ったりすることも、一応は身体が外界に関わる行動の一種だろう。だがそのさいスポーツが関わる外界はいわば虚構の外界であって、産業労働や家事労働が関わるような真の現実ではない。スポーツの外界は、真の現実がつねに持つ偶然性を極限まで免除され、現実行動にとっては避けがたい、いわゆる目的の連鎖からも解放されているからである。

たとえば一〇〇メートル競走の場合、走る路面は完全に平坦に整備され、ランナーは風を除くいっさいの偶然性に配慮する必要はない。これが現実の疾走なら、走者は路面の状況から交通渋滞、風雨から自分の服装にいたるまで、おびただしい偶然性の心配にわずらわされて走らなければなるまい。ついでにいえば、スポーツでは競技者は目的も方法も厳密に与えられていて、目的にとって最適の方法をみずから選択するというわずらいも持たない。現実の走者はあまたある移動手段の比較考量を迫られるのにたいして、一〇〇メートル走者はただ足で走ればよいのである。

さらにスポーツが選手に与える行動の目的は、スポーツそのものが決めたルールがあるだけで、それ以上の広い現実の要求によるものではない。マラソンが四二・一九五キロメートル走るのは恣意的なルールにすぎず、真の現実のなかで合理的な意味は持たない。裏返していえば、マラソンの完走はそれだけで完結した意味を持つのであって、より上位の意味を持つ目的の手段となって奉仕することはないのである。現実の人生において、すべての行動の目的がその次の目的の手段となる関係にあって、目的が無限の連鎖をつくっているのに比べて何という違いであろう。

こう考えると、スポーツの本質はやはり舞踊や化粧や礼儀作法に似ていて、自己の「ある」身体を一定の様式によって確認する方法だと理解できる。それは何かを「する」ことによって(3)外界に関わる行動ではなく、存在するだけで価値のある身体、いいかえれば「私である」

身体に関わって、その存在感を確認して楽しむ営みだといえる。各種のスポーツのジャンルとそれぞれのルールは、その自己確認のための様式であって、また反対に、それに従うことによって身体そのものも存在様式を獲得することができるのである。

付言すれば、このスポーツの性格はそれが商業化され、あるいはオリンピックの行事として制度化されて、見るためのスポーツになっても変わることはない。職業スポーツは選手に報酬を与えるし、オリンピックは名声や社会的地位をもたらすが、これはスポーツが現実の目的連鎖に組み込まれたことを意味しない。なぜならスポーツの目的は□を完全に実現する行動であって、この点は報酬や名誉の付与があろうとなかろうと変わらないからである。現に職業スポーツとアマチュア・スポーツは、巧拙の違いはあれ正確に同種の身体運動を繰り広げる。報酬や名誉はスポーツにとって外的、付随的な条件なのであって、この点は近代芸術が報酬を受けても芸術でありつづけるのと同じだといえよう。

二十一世紀初頭の現在、サッカーは五大陸のすべてで、野球は太平洋の両岸で楽しまれており、テニスは英、仏、米、豪の四大大会を頂点として全世界の観客を惹きつけている。一〇〇を超えるオリンピック種目はそれぞれ各国に根をおろし、男子競技では三大陸五〇ヵ国以上、女子競技でも三五ヵ国以上で親しまれている普遍的な種目だけが参加を許される。古代ギリシャに発する競走や投擲競技、西洋中世にさかのぼる乗馬やフェンシング、さらには東洋由来の柔道やテコンドーなども含まれ、競技者は文字通り地球のすべての地域から集まってくる。そしてその熱戦の模様は、テレビや新聞を通じて、逆に全地球の人類に届けられて興奮を誘うのである。

二十一世紀の人類は、「ある」身体のすべての機能についての理想を共有し、その実現を追求することでも、成果をともに賛美することでも連帯しつつあるといえるだろう。

（山崎正和『世界文明史の試み』による）

【問題】

(A) 傍線部(1)について。「電卓や電動鋸の操作法にはもはやそんなものはない」のはなぜか。その説明として最も適当なもの一つを、左記各項の中から選び、番号で答えよ。

1. 機械化による利便性を人々が追求し始めたから。
2. 製品の市場が世界規模に拡大してきたから。
3. 機械化により身体能力が必要なくなってきたから。
4. 労働のあり方が統一化され世界に普及してきたから。
5. 専門知識や技能が要求されるようになってきたから。

(B) 傍線部(2)について。その理由として最も適当なもの一つを、左記各項の中から選び、番号で答えよ。

1. スポーツによって身体のあり方が確認されるし、身体のあり方自体もスポーツの能力によって確認されていくから。

2．職業スポーツでは報酬や社会的地位を獲得できる人もいるが、アマチュア・スポーツではスポーツ自身がもつ楽しさを追求できるから。
3．スポーツの結果は外的な環境条件によって左右されるが、より影響を及ぼすのは「私である」身体の限界であるから。
4．スポーツを行う過程では無数の目標設定が必要であるが、実際には身体のレベルをその都度確認しながら進行していくから。
5．我々はスポーツの結果を数値として評価するが、本来はその数値が目的なのではなく身体自身を楽しむことが重要だから。

(C) 傍線部(3)について。ここでいう「外界」とほぼ同一の内容を表している語句として最も適当なもの一つを、左記各項の中から選び、番号で答えよ。

1．生産労働が中心の世界
2．目的連鎖から解放された世界
3．偶然性に配慮された世界
4．様式が標準化された世界
5．理想を共有した世界

（D）空欄にはどのような言葉を補ったらよいか。最も適当な語句を本文中から抜き出し、三字で記せ。

（E）左記各項のうち、本文の内容と合致するものを1、合致しないものを2として、それぞれ番号で答えよ。

イ．筋肉と骨格の構造はスポーツの運動能力に強く影響し、運動の様式によって身体のあり方も決定される。

ロ．スポーツは身体が外界に関わる行動であるが、内面的ストレスを解消することも可能である。

ハ．礼儀作法と職人仕事とは、身体という観点からみたとき同一の行動様式である。

ニ．舞踊や化粧がスポーツに似ている理由は、近代芸術が芸術でありつづける理由と本質的には同じである。

ホ．人類は生産労働の分野のみならず、非生産的分野においても世界的に結びつきを強めている。

【解説】

(A)

傍線(1)の理由を問う問題でした。まずは傍線自体に注目しましょう。傍線(1)＝「電卓や電動鋸に地域による（い：□□）はない」です。では、地域による差異がない理由を探していきましょう。傍線(1)直前の11行目を見ればすぐにわかります。「（ろ：□□□）が進んだから」です。この内容になる選択肢は【は：□】だけですから、これが答えです。この選択肢の「統一化され、世界に普及」というのが、国際化にあたります。

(B)

傍線(2)の理由を考える問題でした。まずは傍線(2)の内容をチェックしていきましょう。ここでは「スポーツは、「（い：□□）」身体の行動だ」と書かれています。要するに、「スポーツ＝『ある』身体の行動」であると述べているのです。なぜこの二つはイコールなのでしょうか。60～61行目をご覧ください。ここで、スポーツとは、一定の様式によって自己の身体を（ろ：□□）するためのものなのです。また、21～22行目より、「する」身体の営みは生産的・実用的なものであり、「ある」身体の営みは、（は：□□□□）のためのものです。傍線⑵では「スポーツ＝『ある』身体の行動」と述べられていたわけですが、これでその理由がわかったでしょう。両者はともに「自己確認のためのもの」だから、この二つはイコールなのです。その内容になっているのは【に：□】ですから、これが答えです。

(C)

傍線⑶の説明を求めているので、それとイコールの内容を考えます。60～62行目に注目しましょう。（い：□□□□）の話をしたうえで、「それは傍線⑶に関わる行動ではなく」と述べていますから、傍線⑶＝「スポーツが関わらないもの（X）」です。41～42行目を見れば、X「スポーツが関わらないもの」＝「（ろ：□□□□）や家事労働のような（は：□□□□）（Y）」だとわかります。三段論法を使えば、傍線⑶＝Yになるので、そのYと合致する【に：□】が答えです。

※家事労働を生産労働と呼んでいいかで迷ったかもしれません。ただ、「サービスを生産する」という言い方もありますので、問題ないでしょう。

(D)

空欄に入る言葉を考える問題でした。69~70行目を読めば、空欄＝「スポーツが（い：□□）しようとするもの」だとわかります。次に52~53行目を見ると、スポーツは（ろ：□□）をルール通りに行動させようとしているのがわかります。つまり、選手にルールを守らせようとしているわけですから、「スポーツが実現しようとするもの」＝ルールです。したがって、これが答えです。

(E)

イ．前半で、「筋肉と骨格はスポーツの運動能力に強く影響し」とありますが、そのような記述はありませんでした。筋肉と骨格については1~2行目に出てきていますが、運動能力に影響を与えるというよりは、「絶えず（い：□□□）動く」理由として述べられていました。したがって、（ろ：□）になります。このように、常識的には正しいことでも、本文から読みとれなければXになります。

ロ．60~63行目をご覧ください。ここで、スポーツは自分の身体に関わるのであり、（は：□□）と関わるものではないと書かれています。ロの前半がこれと真逆ですから、これも2です。

ハ．この選択肢では、礼儀作法と職人仕事は同じようなものだと述べられていました。これは本当でしょうか。60～61行目にある通り、礼儀作法は「に：□□　※ひらがな二字です」身体の営みです。そして、21～22行目にありますが、生産的・実用的（職人仕事は、職人が何かを作っているので、生産的です）なものは「ほ：□□」身体の営みと書かれています。両者は別のものですから、ハも2になります。

ニ．60～61行目を見ると、スポーツや舞踊、化粧が似ているのは、自己の身体を（へ：□□）しているからです。ちなみに、（B）の解説や（E）のハの選択肢が参考になりますが、そのことを「と：□□」身体の営みと言っていました。ニの選択肢では、舞踊・化粧・スポーツが似ている理由と、近代芸術が（ち：□□）であり続ける理由がそれと同じだと述べています。ハの選択肢で確認したことと重なりますが、芸術は作品を生んでいるので、生産的です。したがってこれは「する」身体の営みですから、両者は関係ありません。これも2です。

ホ　選択肢の最後に「世界的な結びつきを強めている」と書かれています。11行目の（り：□□□）がこれと同内容です。それを踏まえて11～15行目を見れば、確かに生産労働の分野では世界的な結びつきが強まっているのだとわかります。また、74～77行目より、スポーツも世界的な広まりが生まれています。そして、スポーツは自己の身体を確認するだけで、現実世界とは関わりがないと書かれていましたから、ホの選択肢でいうところの（ぬ：□□□□□）です。ということで、生産労働の分野でも、非生産労働の分野でも国際化が進んでいるわけですから、これは【る：□】になります。

【空欄に入る言葉】

(A)
い：差異
ろ：国際化
は：4

(B)
い：ある
ろ：確認
は：自己確認
に：1

(C)
い：スポーツ
ろ：産業労働
は：真の現実
に：1

(D)
い：実現
ろ：選手

(E)
い：小さく

〈第六講〉

ろ：2
は：外界
に：ある
ほ：する
へ：確認
と：ある
ち：芸術
り：標準化
ぬ：非生産的分野
る：1

〈第七講〉

次の文章は、太宰治の小説「故郷」の一節である。主人公の「私」は、かつてさまざまな問題を起こして父親代わりの長兄の怒りを買い、生家との縁を切られていたが、母親が危篤である旨の知らせを受け、生家の人たちとは初対面の妻子を伴って帰郷した。本文はそこで親族たちと挨拶を交わした後の場面である。これを読んで、後の問いに答えよ。

私は立って、母のベッドの傍へ行った。他のひとたちも心配そうな顔をして、そっと母の枕頭に集まって来た。

「時々くるしくなるようです。」看護婦は小声でそう説明して、掛蒲団の下に手をいれて母のからだを懸命にさすった。私は枕もとにしゃがんで、どこが苦しいの？　と尋ねた。母は、幽かにかぶりを振った。

「がんばって。園子の大きくなるところを見てくれなくちゃ駄目ですよ。」私はてれくさいのを怺えてそう言った。

突然、親戚のおばあさんが私の手をとって母の手と握り合わさせた。私は片手ばかりでなく、両方の手で母の冷たい手を包んであたためてやった。親戚のおばあさんは、母の掛蒲団に顔を押しつけて泣いた。叔母も、タカさん（次兄の嫂の名）も泣き出した。私は口を曲げて、こらえた。しばらく、そうしていたが、どうにも我慢出来ず、そっと母の傍から離れて廊下に出た。廊下を歩いて洋室へ行った。洋室は寒く、がらんとしていた。白い壁に、罌粟の花の油絵と、裸婦の油絵が掛けられている。(注1)マントルピイスには、下手な木彫りが一つぽつんと置かれている。ソファには、豹の毛皮が敷かれてある。椅子もテエブルも絨毯も、みんな昔のままであった。[A]私は洋室をぐるぐると歩きまわり、いま涙を流したらウソだ、いま泣いたらウソだぞ、と自分に言い聞かせて泣くまい泣くまいと努力した。こっそり洋室にのがれて来て、ひとりで泣いて、あっぱれ母親思いの心やさしい息子さん。キザだ。思わせぶりたっぷりじゃないか。そんな安っぽい映画があったぞ。三十四歳にもなって、なんだい、心やさしい修治さんか。甘ったれた芝居はやめろ。いまさら孝行息子でもあるまい。わがまま勝手の(注2)検束をやらかしてさ。よせやいだ。泣いたらウソだ。涙はウソだ、と心の中で言いながら懐手して部屋をぐるぐる歩きまわっているのだが、いまにも、嗚咽が出そうになるのだ。私は実に閉口した。煙草を吸ったり、鼻をかんだり、さまざま工夫して頑張って、とうとう私は一滴の涙も眼の外にこぼれ落とさなかった。

日が暮れた。私は母の病室には帰らず、洋室のソファに黙って寝ていた。この離れの洋室は、いまは使用していない様子で、スウィッチをひねっても電気がつかない。[B]私は寒い暗闇の中にひとりでいた。(注3)北さんも中畑さんも、離れのほうへ来なかった。何をしているのだろう。妻と園子は、母の病室にいるようだ。今夜これから私たちは、どうなるのだろう。

はじめの予定では、北さんの意見のとおり、お見舞いしてすぐに金木を引き上げ、その夜は五所川原の叔母の家へ一泊という事になっていたのだが、こんなに母の容態が悪くては、予定どおりすぐ引き上げるのも、かえって気まずい事になるのではあるまいか。とにかく北さんに逢いたい。北さんは一体どこにいるのだろう。兄さんとの話が、いよいよややこしく、もつれているのではあるまいか。私は居るべき場所も無いような気持ちだった。

妻が暗い洋室にはいって来た。

「あなた！　かぜを引きますよ。」

「園子は？」

「眠りました。」病室の控えの間に寝かせて置いたという。

「大丈夫かね？　寒くないようにして置いたかね？」

「ええ。叔母さんが毛布を持って来て、貸して下さいました。」

「どうだい、みんないいひとだろう。」

「ええ。」けれども、やはり不安の様子であった。「これから私たち、どうなるの？」

「わからん。」

「今夜は、どこへ泊るの？」

「そんな事、僕に聞いたって仕様が無いよ。いっさい、北さんの指図にしたがわなくちゃいけないんだ。十年来、そんな習慣になっているんだ。北さんを無視して直接、兄さんに話し掛けたりすると、騒動になってしまうんだ。そういう事になっているんだよ。わからんかね。僕には今、なんの権利も無いんだ。トランク一つ、持って来る事さえできないんだからね。」

「なんだか、ちょっと北さんを恨んでるみたいね。」

「ばか。北さんの好意は、身にしみて、わかっているさ。けれども、北さんが間にはいっているので、僕と兄さんとの仲も、妙にややこしくなっているようなところもあるんだ。どこまでも北さんのお顔を立てなければならないし、わるい人はひとりもいないんだし、――」

「本当にねえ。」妻にも少しわかって来たようであった。「北さんが、せっかく連れて来て下さるというのに、おことわりするのも悪いと思って、私や園子までお供して来て、それで北さんにご迷惑がかかったのでは、私だって困るわ。」

「それもそうだ。うっかりひとの世話なんか、するもんじゃないね。僕という難物の存在がいけないんだ。全くこんどは北さんもお気の毒だったよ。わざわざこんな遠方へやって来て、僕たちからも、また、兄さんたちからも、そんなに有り難がられないと来ちゃ、さんざんだ。僕たちだけでも、ここはなんとかして、北さんのお顔の立つように一工夫しなければならぬところなんだろうけれど、あいにく、そんな力はねえや。下手に出しゃばったら、滅茶滅茶だ。まあ、しばらくこうして、まごまごしているんだね。お前は病室へ行って、母の足でもさすっていなさい。おふくろの病気、ただ、それだけを考えていればいいんだ。」

C妻は、でも、すぐには立ち去ろうとしなかった。暗闇の中に、うなだれて立っている。こんな暗いところに二人いるのを、ひとに見られたら、はなはだ具合がわるいと思ったので私はソファから身を起こして、廊下へ出た。寒気がきびしい。ここは本州の北端だ。廊下のガラス戸越しに、空を眺めても、星一つ無かった。ただ、ものものしく暗い。私は無性に仕事をしたくなった。なんのわけだかわからない。よし、やろう。一途に、そんな気持ちだった。

嫂が私たちをさがしに来た。

「まあこんなところに！」明るい驚きの声を挙げて、「ごはんですよ。美知子さんも、一緒にどうぞ。」嫂はもう、私たちに対して何の警戒心も抱いていない様子だった。私にはそれが、ひどくたのもしく思われた。なんでもこの人に相談したら、間違いが無いのではあるまいかと思った。

母屋の仏間に案内された。床の間を背にして、五所川原の先生（叔母の養子）それから北さん、中畑さん、それに向かい合って、長兄、次兄、私、美知子と七人だけの座席が設けられていた。

「(注4)速達が行きちがいになりまして。」私は次兄の顔を見るなり、思わずそれを言ってしまった。次兄は、ちょっと首肯いた。

北さんは元気が無かった。浮かぬ顔をしていた。酒席にあっては、いつも賑やかな人であるだけに、その夜の浮かぬ顔つきは目立った。やっぱり何かあったのだな、と私は確信した。それでも、五所川原の先生が、少し酔ってはしゃいでくれたので、座敷は割に陽気だった。私は腕をのばして、長兄にも次兄にもお酌をした。私が兄たちに許されているのか、いないのか、もうそんな事は考えまいと思った。私は一生ゆるされる筈はないのだし、また許してもらおうなんて、虫のいい甘ったれた考えかたは捨てる事だ。D結局は私が、兄たちを愛しているか愛していないか、問題はそこだ。愛する者は、さいわいなる哉。私が兄たちを愛して居ればいいのだ。みれんがましい欲の深い考えかたは捨てる事だ、などと私は独酌で大いに飲みながら、たわいない自問自答をつづけていた。

（注）

1 マントルピイス——暖炉の上に設けた飾り棚。

2 検束をやらかして——一時警察に留置されたこと。

3 北さんも中畑さんも——ともに「私」の亡き父に信頼された人物で、以前から「私」と生家との間を取り持っていた。この帰郷も、長兄の許可を得ないまま、北さんが主導して実現させた。

4

速達――――「私」が郷里に向かった後で次兄が投じた、「私」を呼び寄せる急ぎの手紙のこと。

【問題】

問1

傍線部Ａ「私は洋室をぐるぐると歩きまわり、いま涙を流したらウソだ、いま泣いたらウソだぞ、と自分に言い聞かせて泣くまい泣くまいと努力した」とあるが、「私」がそうしたのはなぜか。その説明として最も適当なものを、次の①〜⑤のうちから一つ選べ。

①あたたかく自分を迎えようとしている人々の懐に飛び込んでいきたいという思いと弱みを見せたくないという思いとが、胸のうちに同時にわきあがり、互いに争っているから。

②母親に対して素直な気持ちになれなくなっているにもかかわらず、まわりの雰囲気に流されて、ここで悲しむ様子を見せては人々を欺くことになると考えているから。

③立場上ほかの親族と同じようにふるまうのがはばかられるとともに、人目を忍んで泣くというありきたりな感情の表現の仕方をすることに恥じらいを覚えているから。

④母親に対しては子どものころと変わらない親密な感情を取り戻しながらも、和解を演出し

ようとする周囲の人々の思惑には反発を感じているから。

⑤過去の自分とは異なる人間的に成長した姿を見せようと意気込んでいたのに、あっさりと周囲の人々の情にほだされてしまったことに自己嫌悪を感じているから。

問2

傍線部B「私は寒い暗闇の中にひとりでいた」とあるが、この時の「私」の心情の説明として適当でないものを、次の①～⑤のうちから一つ選べ。

①北さんと中畑さんがなかなか離れに来ないことが気になり、もしかしたら長兄と悶着を起こしているのかもしれないと考え、やはり帰郷などすべきでなかったのではないかという思いにかられている。

②母親の病気にかこつけて突然やって来た自分たち夫婦を、長兄らがどのような思いで迎え入れてくれるのかがまだ十分には予測しがたく、どこでどうふるまったらよいのか判断に窮して戸惑いを覚えている。

③とりあえず母親との対面をはたすことができ一段落は着いたものの、案じていた母親の容態が予想以上に悪く、北さんとたてた当初の計画にも支障が出そうで不安を感じている。

④母親の病状は気がかりなのだが、長年生家をないがしろにして自由気ままにふるまってき

た自分にそのような心配をする資格があるのかと自問し、昔の過ちに振りまわされる人生の不可解さを実感している。

⑤親族たちが集まっている部屋から離れて誰もいない空間に閉じこもることによって、動揺する心を静めるとともに、さまざまな人に迷惑をかけ続けてきたみずからの過去や現在に思いをめぐらせている。

問3

傍線部C「妻は、でも、すぐには立ち去ろうとしなかった」とあるが、この時の「妻」の心情の説明として最も適当なものを、次の①〜⑤のうちから一つ選べ。

①旧家の嫁でありながらも今回初めて帰郷するという不義理を重ねてきたので、夫の生家は必ずしも居心地のよいものではなく、皆の前で健気にふるまってよいものかどうかためらっている。

②夫が単なる強がりを言っているのに過ぎないことに初めから気づいていたため、なかなか素直にその言葉どおりにふるまう気にはなれず、早くこの地を去りたいと考えている。

③北さんと長兄との間に立たされて苦悩している夫のことが心配でならず、何とかしなければならないことはよく理解しているのだが、嫁という立場から積極的な行動は慎もうとし

ている。

④夫の言うこともわかるのだが、郷里における自分たち二人の微妙な立場を考えるとまだ十分には心細さをぬぐい去ることができず、進んで夫の生家の人たちと交わる勇気を持てないでいる。

⑤子供が眠ってしまって夫と二人きりになってしまうと不安はいっそう募るばかりなのだが、夫はただ姑の心配をするばかりで少しも自分をかまってくれず、どこか納得できないでいる。

問4

傍線部D「結局は私が、兄たちを愛しているか愛していないか、問題はそこだ」とあるが、それはどういうことか。その説明として最も適当なものを、次の①〜⑤のうちから一つ選べ。

①兄たちが許してくれるかどうかに気を使うよりも、自分が兄たちに対して深い愛情を持つ姿勢を貫くことが何より大切であるということ。

②兄たちとのいざこざを根本的に解決するためには、いかに自分が兄たちを愛しているかということを正確に伝える必要があるということ。

③もし自分が兄たちを愛することができると確信を持てたら、頭を悩ませている数々の問題

も一気に解決するはずだということ。

④生家の人々が最終的に問いかけてくるのは、自分が口先でどう言うかということよりも、兄たちに愛情を抱いているかいないかだということ。

⑤兄たちを愛しているかどうか自分でもわからず、どうふるまえばよいか戸惑っていることが、さらに事態を複雑にしている要因だということ。

問5

本文の内容と表現の特徴の説明として適当なものを、次の①～⑥のうちから二つ選べ。ただし、解答の順序は問わない。

①思わぬ出来事によって必ずしも居心地のよくない場所に置かれてしまった主人公夫婦の心の結びつきの強さが、二人の会話に主眼を置いたやや饒舌な文体で、共感を込めて描き出されている。

②複雑な人間関係の中でうまくふるまえない主人公の弱く繊細な心の動きが、一人称を基本としながら自分を冷静に見つめる視点を交えた語り口で、たくみに描き出されている。

③重病に陥った母親の枕もとで繰り広げられる主人公と彼の兄たちとの秘められた微妙な確執が、登場人物相互の内面にも自在に入り込んでいく多元的な視点から、私情を交えず描

き出されている。

④立場の異なる人々の間に生じる避けがたい摩擦と、それを大きく包み込むような愛情のあり方が、主人公を中心とした人間群像の中から浮き彫りになるように描き出されている。

⑤母親の病気で帰郷することになった主人公夫婦の、これを契機として何とか兄たちとの関係を改善したいという切実な思いが、微妙に揺れ動く心理を含めて丹念に描き出されている。

⑥久方ぶりの帰郷で顔を合わせた親族に気兼ねしつつも、それでも甘えを捨てきれない主人公の内面が、人間の細やかな心の移ろいに焦点を定めた明晰な文章で描き出されている。

【著者からひと言】

今回の第七講と次の第八講では、小説を扱います。ここで、小説のポイントを共有できればと思います。まず、大前提として押さえておきたいのは、「意外と評論的なアプローチを使うことが多い」ということです。第六講まで扱っていた評論では、「イコールの内容を考える」というのが、最大のポイントでした。小説でも、「傍線を説明せよ」という問題だから傍線とイコールの内容を探すという問題が、少なからず出題されます。今回で言うと、問五がイコールの内容を考える問題です。そういった意味では、評論の得点力は小説にもつながるのだと言えるでしょう。

ただし、評論とは違う種類のアプローチも出てきます。それが「心情のつかみ方」です。第七講では、問一と三がそういった類の問題です。問三の方がシンプルですから、少しイレギュラーになりますが、三→一→他という流れで解説を展開していきましょう。

【解説】

問三

傍線Cにおける妻の心情を考える問題です。心情を考えるときは、とにかく傍線の理由を追求していくことです。それによって、心情読解に必要なピースがそろいます。まずは、傍線自体に注目です。「でも、妻はすぐには（い：□□□□□）とはしなかった」とあります。ということは、本来なら妻はすぐに移動すべきなのです。では、なぜ移動しなかったのでしょうか。59～60行目に注目です。夫から、「お前は（ろ：□□）へ行って、母の足でもさすっていなさい」と言われたのです。そう言われたのであれば、病室に移動すべきです。しかし、移動しなかったというのが傍線Cです。では、なぜ「妻は移動しなかったのでしょうか。

前書き（本文が始まる前の「次の文章は…」ではじまるところです）をご覧ください。妻は夫の家族とは（は：□□□）なのです。しかも夫はその家族に迷惑をかけていたので、（に：□）を切られていました。そうであるならば、夫の家族と話すのは気まずいですよね。自分がどう思われているのかと考えたら、不安です。だからこそ、傍線Cで移動しなかったのです。

さて、これで妻の心情がわかりました。初対面で、かつ夫と縁を切っている人たちだから、自分がどう思われると不安だなあ……です。この内容と合致するのは【ほ：□】です。先の「初対面で、かつ夫と縁を切っている人たち」という内容を（へ：□□□□□）とうまく表現していますし、不安だという気持ちは（と：□□□）と言い換えています。

【補足】

心情読解の際は「背景と出来事に注目しよう」と指導されるのが一般的ですし、私もそう話します。出来事は、傍線自体か、その傍線の理由です。今回だったら、「夫に病室に行くように言われたが、そうしなかった」が出来事にあたります。そして、その出来事の理由が背景です。問三では、「夫の家族とは初対面だし、その人たちは夫と縁を切っている」が背景にあたります。この背景と出来事を整理すれば、妻の心情は「不安」だとわかるでしょう。

この補足を入れた意図ですが、多くの場合、指導者は「背景→出来事→心情」の流れで説明します。しかし、先述の通り、背景とは出来事の理由ですから、本来は「出来事→背景→心情」という流れで考えていくものなのです。ただ、慣れてくると、無意識的に「背景→出来事」の流れで見えてくるようになりますし、そうなっていないとスピードも出ませんから、次の問一からは、「背景↓出来事」の流れで説明します。ただ、もし混乱が生じたのであれば、「背景は出来事の理由、だから、本来は出来事がはじめに分かり、その理由を考えれば背景が見えてくるんだ」という原則を思い出してください。

【ビジュアル解説】

背景
前書きより、
夫の家族とは初対面だし、夫はその加須と縁を切られている
出来事
傍線Cより、
夫に、義母のところへ行けと言われても動かなかった
←
夫の傍を離れるのが不安
よって、④がよい！

問一

傍線Aの理由を聞いています。小説の場合、理由は十中八九心情になります。主人公が泣いていたら、それは悲しいから泣いているのです。（もちろん、状況によっては「嬉し泣き」かもしれませんし、「悔し涙」の可能性もありますね。）

さて、それでは、背景と出来事を整理して、傍線の理由となる心情を考えていきましょう。背景としておさえたいのが16〜18行目です。ここから、「泣くのは（い：□□□□）映画のようだ」と考えているのが分かります。また、前書きや19〜20行目を見れば、「（ろ：□□□□□□）の検束をやらかし、家族と縁を切られた」ことも読み取れます。そして、出来事となるのが傍線Aで、（は：□□□□）と努力していたのです。一つ目の背景である「泣くのは安っぽいと考えている」ことに注目すれば、泣かないようにしたのは「かっこ悪くて恥ずかしい」からですね。そして、二つ目の背景である「わがまま勝手の検束をやらかし、縁を切られた」点に注目すれば、泣かないようにしたのは「自分には泣く資格がないと思ったから」です。この二つの心情を捉えている【に：□】が正解です。「他の親族と同じようにふるまうのが（ほ：□□□□□□）」という表現は、自分は（へ：□）を切られているので、泣く資格はないという心情と合致します。また、選択肢④後半の「（と：□□□□□）な感情の表現に（ち：□□□□）を覚える」というのは、「かっこ悪くて恥ずかしい」という心情を捉えています。

【ビジュアル解説】

背景
16~18行目より、
泣くのは安っぽいと思っている
また、前書き・19~20行目より、
家族に迷惑をかけ、縁を切られた

出来事
傍線Aより、
泣くまいと努力した

↓

恥ずかしい・自分には泣く資格などない
よって、③がよい！

問二

傍線Bにおける「私」の心情を聞いている問題です。今回は「適当でないもの」を答えなさいという問題ですから、おかしいなと思う選択肢を答えることになります。結論から言うと、答えは④です。後半部分に「昔の過ちに振りまわされる人生の（い：□□□）さを実感している」とありますが、これは不適切です。「昔の過ち」というのは、問一で確認しましたが、わがまま勝手の検束をやらかし、家族と縁を（ろ：□□□□□□　※前書きにありますね）ことを指しています。しかし、これも問一で確認したことですが、縁を切られたから、泣く（は：□□）がない（問一の解説から抜き出します）と考えたので、過去の過ちに振り回されることを受け入れているのです。したがって、「不可解さ（＝おかしいだろと思う気持ち）」は感じていませんので、④がおかしいから、これが答えということです。

問四

傍線Dの説明を求めているので、傍線Dとイコールの内容を考えます。傍線Dの「（い：□□）」という言葉は「大切なポイント」という意味で使われていますから、傍線D＝「大切なのは私が兄たちを（ろ：□□□□）かどうかだ（X）」となります。79～81行目を参考にすれば、X＝「兄たちに（は：□□□□）いるかどうかはどうでもいい（Y）」になる。

このXとYはともに「兄たちの考えはどうでもいい」という意味なので、イコールになります。評論で散々出てきた三段論法を使えますね。傍線D＝Xで、X＝Yですから、傍線D＝Yになります。そして、Yと同内容になるのは【に：□】ですから、これが答えになります。

問五

これは消去法的に対処する問題ですね。残るのは②と⑤なので、この二つが正解なのですが、他の四つを切っていくことにしましょう。

まず、①ですが、「主人公夫婦の（い：□□□□□□）の強さ」が不適切です。確かに、問三では妻が夫と離れたくないと考えている様子を確認しましたが、これは周りが（ろ：□□□）の人だらけ（前書き参照です）で不安だったからです。心の強い結びつきがあるわけではありません。この状態であれば、単なる知り合いであっても一緒にいたいでしょう。

③に移ります。「登場人物相互の（は：□□）にも自在に入り込んでいく」という記述が不適切です。そう言うのであれば、兄たちの心情がもっと描かれていなければなりません。問三で扱った、妻の心情も、「文中の様子から読み取れる」だけであり、妻の内面に入ったとは言えないでしょう。

次の④ですが、これはなかなか厄介です。「それを大きく包み込む愛情」とありますが、

「それ」とは、「(に：□□) の異なる人々との間に生じる避けがたい摩擦」のことです。本文ラストで、兄たちを愛そうとしていますから、そこは「大きく包み込むような愛情」と言えるかもしれません。しかし、48〜50行目を見る限り、(ほ：□) さんも立場の異なる人ですが、この人を包み込むような愛情は確認できません。したがって、答えにはならないということです。

最後の⑥に行きましょう。この選択肢の「(へ：□□) を捨てきれない」という記述は不適切です。問四で確認しましたが、兄たちの思いは関係ない、自分が兄たちを愛していればいいと考えるようになりました。これはもう甘えていませんから、⑥も答えにはなりません。

【空欄に入る言葉】

解説の順番通り、問三↓問一↓問二…の順番にしております。

問三

い：立ち去ろう
ろ：病室
は：初対面
に：縁
ほ：④
へ：微妙な立場
と：心細さ

問一

い：安っぽい
ろ：わがまま勝手
は：泣くまい
に：③
ほ：はばかられる
へ：縁
と：ありきたり
ち：恥じらい

問二

い：不可解

ろ：切られていた

は：資格

問四

い：問題

ろ：愛している

は：許されて

に：①

問五

い：心の結びつき

ろ：初対面

は：内面

に：立場

ほ：北

へ：甘え

〈第八講〉

次の文章は、夏目漱石の小説『彼岸過迄』の一節である。「僕」と従妹の田口千代子は、幼いうちに「僕」の母が将来の結婚を申し入れた間柄である。父の死後、母は「僕」と千代子との結婚を強く望むが、「僕」は積極的に千代子を求めようとしない。以下の文章は、田口家の別荘を「僕」と母が訪れた場面である。これを読んで、後の問いに答えよ。

田口の叔母は、高木さんですといって丁寧にその男を僕に紹介した。彼は見るからに肉の緊まった血色のいい青年であった。年からいうと、あるいは僕より上かもしれないと思ったが、そのきびきびした顔つきを形容するには、是非とも青年という文字が必要になったくらい彼は生気に充ちていた。僕はこの男を始めて見た時、これは自然が反対を比較するために、わざと二人を同じ座敷に並べて見せるのではなかろうかと疑った。無論その不利益な方面を代表するのが僕なのだから、こう改まって引き合わされるのが、僕にはただ悪い洒落としか受け取られなかった。

二人の容貌が既に意地のよくない対照を与えた。しかし様子とか応対ぶりとかになると僕は更に甚だしい相違を自覚しない訳にいかなかった。僕の前にいるものは、母とか叔母とか従妹とか、皆親しみの深い血族ばかりであるのに、それらに取り巻かれている僕が、この高木に比べると、かえってどこからか客にでも来たように見えたくらい、彼は自由に遠慮なく、しかもある程度の品格を落とす危険なしに己を取り扱う術を心得ていたのである。知らない人を怖れる僕にいわせると、Aこの男は生まれるや否や交際場裏に棄てられて、そのまま今日まで同じ所で人となったのだと評したかった。彼は十分と経たないうちに、凡ての会話を僕の手から奪った。そうしてそれを悉く一身に集めてしまった。その代わり僕を除け物にしないための注意を払って、ときどき僕に一句か二句の言葉を与えた。それがまた生憎僕には興味の乗らない話題ばかりなので、僕はみんなを相手にする事も出来ず、高木一人を相手にする訳にもいかなかった。彼は田口の叔母を親しげにお母さんお母さんと呼んだ。千代子に対しては、僕と同じように、千代ちゃんという幼馴染みに用いる名を、自然に命ぜられたかのごとく使った。そうして僕に、先ほどお着きになった時は、ちょうど千代ちゃんと貴方のお噂をしていたところでしたといった。

　僕は初めて彼の容貌を見た時から既に羨ましかった。話をするところを聞いて、すぐ及ばないと思った。それだけでもこの場合に僕を不愉快にするには充分だったかもしれない。けれどもだんだん彼を観察しているうちに、彼は自分の得意な点を、劣者の僕に見せつけるような態度で、誇り顔に発揮するのではなかろうかという疑いが起こった。その時僕は急に彼を憎み出した。そうして僕の口を利くべき機会が廻って来てもわざと沈黙を守った。

　落ちついた今の気分でその時の事を回顧してみると、こう解釈したのはあるいは僕の僻みだったかも分からない。僕はよく人を疑る代わりに、疑る自分も同時に疑わずにはいられない性質だから、結局他に話をする時にもどっちと判然したところがいいにくくなるが、もしそれが本当に僕の僻み根性だとすれば、その裏面にはまだ凝結した形にならない嫉妬が潜んでいたのである。

僕は男として嫉妬の強い方か弱い方か自分にもよく解らない。競争者のない一人息子としてむしろ大事に育てられた僕は、少なくとも家庭のうちで嫉妬を起こす機会をもたなかった。小学や中学は自分より成績のいい生徒が幸いにしてそうなかったためか、至極太平に通り抜けたように思う。高等学校から大学へかけては、(注1)席次にさほど重きを置かないのが、一般の習慣であった上、年ごとに自分を高く見積もる見識というものが加わって来るので、点数の多少は大した苦にならなかった。これらを外にして、僕はまだ痛切な恋に落ちた経験がない。一人の女を二人で争った覚えはなおさらない。自白すると僕は若い女殊に美しい若い女に対しては、普通以上に精密な注意を払い得る男なのである。往来を歩いて綺麗な顔と綺麗な着物を見ると、雲間から明らかな日が射した時のように晴れやかな心持ちになる。たまにはその所有者になってみたいという考えも起こる。しかしその顔とその着物がどうはかなく変化し得るかをすぐ予想して、酔いが去って急にぞっとする人の浅ましさを覚える。B僕をして執念く美しい人に(注2)附纏わらせないものは、まさにこの酒に棄てられた淋しみの障害に過ぎない。僕はこの気分に乗り移られるたびに、若い自分が突然老人か坊主に変わったのではあるまいかと思って、非常な不愉快に陥る。が、あるいはそれがために恋の嫉妬というものを知らずに済ます事が出来たかもしれない。

僕は普通の人間でありたいという希望をもっているから、嫉妬心のないのを自慢にしたくも何ともないけれども、今話したような訳で、眼の当たりにこの高木という男を見るまでは、そういう名の付く感情に強く心を奪われた試しがなかったのである。僕はその時高木から受けた名状し難い不快を明らかに覚えている。そうして自分の所有でもない、また所有にする気もない千代子が原因で、この嫉妬心が燃え出したのだと思った時、C僕はどうしても僕の嫉妬心を抑え付けなければ自分の人格に対して申し訳がないような気がした。僕は存在の権利を失った嫉妬心を抱いて、誰にも見えない腹の中で苦悶し始めた。幸い千代子と百代子が日が薄くなったから海へ行くといい出したので、高木が必ず彼らについて行くに違いないと思った僕は、早くあとに一人残りたいと願った。彼らは果たして高木を誘った。ところが意外にも彼は何とか言い訳を拵えて容易に立とうとしなかった。僕はそれを僕に対する遠慮だろうと推察して、ますます眉を暗くした。彼らは次に僕を誘った。僕はもとより応じなかった。高木の面前から一刻も早く逃れる機会は、与えられないでも手を出して奪いたいくらいに思っていたのだが、今の気分では二人と浜辺まで行く努力が既に厭であった。母は失望したような顔をして、いっしょに行っておいでなといった。僕は黙って遠くの海の上を眺めていた。姉妹は笑いながら立ち上がった。

「相変わらず偏屈ね貴方は。まるで腕白小僧みたいだわ」

千代子にこう罵られた僕は、実際誰の目にも立派な腕白小僧として見えたろう。僕自身も腕白小僧らしい思いをした。調子のいい高木は縁側へ出て、二人のために菅笠のように大きな麦藁帽を取ってやって、行っていらっしゃいと挨拶をした。

二人の後ろ姿が別荘の門を出た後で、高木はなおしばらく年寄りを相手に話していた。こうやって避暑に来ていると気楽でいいが、どうして日を送るかが大問題になってかえって苦痛になるなどと、実際活気に充ちた身体を暑さと退屈さに(注3)持ち扱っているふうに見えた。やがて、これから晩まで何をして暮らそうかしらと独り言のようにいって、不意に思い出したごとく、(注4)玉はどうですと僕に聞いた。幸いにして僕は生まれてからまだ玉突きという遊戯を試みた事がなかったのですぐ断った。高木はちょうどいい相手が出来たと思ったのに残念だといいながら帰って行った。僕は活発に動く彼の後ろ影を見送って、彼はこれから姉妹のいる浜辺の方へ行くに違いないという気がした。けれども僕は坐っている席を動かなかった。

高木の去った後、母と叔母は少時彼の噂をした。初対面の人だけに母の印象は殊に深かったように見えた。気の置けない、いたって行き届いた人らしいといって賞めていた。叔母はまた母の批評をいちいち実例に照らして確かめるふうに見えた。この時僕は高木について知り得た極めて乏しい知識のほとんど全部を訂正しなければならない事を発見した。僕が百代子から聞いたのでは、亜米利加帰りという話であった彼は、叔母の語るところによると、そうではなくって全く英吉利で教育された男であった。叔母は英国流の紳士という言葉を誰かから聞いたと見えて、二、三度それを使って、何の心得もない母を驚かしたのみか、だからどことなく品の善い所があるんですよと母に説明して聞かせたりした。母はただへえと感心するのみであった。

二人がこんな話をしている内、僕はほとんど一口も口を利かなかった。ただ上辺から見て平生の調子と何の変わる所もない母が、この際高木と僕を比較して、腹の中でどう思っているだろうと考えると、僕は母に対して気の毒でもありまた恨めしくもあった。同じ母が、千代子対僕という古い関係を一方に置いて、さらに千代子対高木という新しい関係を一方に想像するなら、果たしてどんな心持ちになるだろうと思うと、仮令少しの不安でも、避け得られるところをわざと与えるために彼女を連れ出したも同じ事になるので、僕はただでさえ不愉快な上に、年寄りに済まないという苦痛をもう一つ重ねた。

前後の模様から推すだけで、実際には事実となって現れて来なかったから何ともいいかねるが、叔母はこの場合を利用して、もし縁があったら千代子を高木に遣るつもりでいるくらいの打ち明け話を、僕ら母子に向って、相談とも宣告とも片付かない形式の下に、する気だったかもしれない。凡てに気が付くくせに、こうなるとかえって僕よりも迂遠い母はどうだか、僕はその場で叔母の口から、僕と千代子と永久に手を別つべき談判の第一節を予期していたのである。幸か不幸か、叔母がまだ何もいい出さないうちに、姉妹は浜から広い麦藁帽の縁をひらひらさして帰って来た。D僕が僕の占いの的中しなかったのを、母のために喜んだのは事実である。同時に同じ出来事が僕を焦躁しがらせたのも嘘ではない。

夕方になって、僕は姉妹とともに東京から来るはずの叔父を停車場に迎えるべく母に命ぜられて家を出た。彼らは揃いの浴衣を着て白い足袋を穿いていた。それを後ろから見送った彼らの母の眼に彼らがいかなる誇りとして映じたろう。千代子と並んで歩く僕の姿がまた僕の母には画として普通以上にどんなに価が高かったろう。僕は母を欺く材料に自然から使われる自分を心苦しく思って、門を出る時振り返って見たら、母も叔母もまだこっちを見ていた。

（注）

1 席次――成績の順位

2 附纏わらせない――「附纏わる」は「つきまとう」に同じ。

3 持ち扱っている――取り扱いに困って、もてあましている。

4 玉――ここでは「玉突き」を略して言っている。玉突きは、ビリヤードのこと。

【問題】

問1

傍線部Ａ「この男は生まれるや否や交際場裏に棄てられて、そのまま今日まで同じ所で人となったのだと評したかった」とあるが、そのように高木を評する「僕」の思いを説明したものとして最も適当なものを、次の①～⑤のうちから一つ選べ。

①初対面の人にも全くものおじせず、家族のように親しげに周囲の人の名を呼ぶので、羨ましく思っている。

②明るく話し上手で人づきあいに長けているうえ、そつのない態度で会話を支配するので、不快に思っている。

③周囲のすべての人に配慮しつつも、その態度はおしつけがましいものでもあるので、うっとうしく思っている。

④品格もあり容貌も立派な人物だが、完全無欠な態度によって「僕」の居場所を脅かすので、憎らしく思っている。

⑤洋行帰りという経歴の持ち主であり、自分をよく見せる作為的な振る舞いをするので、面白くなく思っている。

問2

傍線部B「僕をして執念く美しい人に附纏わらせないものは、まさにこの酒に棄てられた淋しみの障害に過ぎない」とあるが、この部分で「僕」は自分をどのようにとらえているか。その説明として最も適当なものを、次の①～⑤のうちから一つ選べ。

①美しい女性への関心が人一倍あるにもかかわらず、痛切な恋に落ちた経験がないために、自分からはどのように女性に対したらよいかわからないと感じている。

②美しい女性と過ごしたいという気持ちを持つ一方で、その美しさは表面的なものに過ぎないとわかっているので、自分は惑わされることはないと考えている。

③美しい女性を見ると気持ちは高ぶるが、幼いころから感情を抑制してきたため、自分は美しさや魅力を率直に認める感性を失ってしまったと考えている。

④美しい女性の魅力に安易に惹かれることを不愉快に感じ、自己を律して冷静な自分に立ち返り欲望を抑えなければならないと考えている。

⑤美しい女性も時の経過とともに変化していくことを想像するとすぐに冷めてしまい、自分

は対象に熱中できず満たされることがないと感じている。

問3

傍線部C「僕はどうしても僕の嫉妬心を抑え付けなければ自分の人格に対して申し訳がないような気がした」とあるが、なぜ「僕」はこのような気持ちになったのか。その理由として最も適当なものを、次の①～⑤のうちから一つ選べ。

①「僕」は常々普通の人間でいたいという希望を持っていたため、人並みに嫉妬心を持っていても不思議ではないと考えていた。千代子に高木と比較されたという思いによって生じた「僕」の僻み根性が、そうした感情と結びついてしまったことにやりきれなさを覚えたから。

②「僕」は高木の登場によって、これまでの自己認識を超えるような嫉妬心を抱いた。高木への僻み根性に根ざしたその感情は、恋人と意識したこともない千代子を介して生じたものであり、そうした感情を制御しない限り、自分を卑しめることになるような気がしたから。

③「僕」は今まで本当に女性を愛した経験はなかったが、ライバルである高木の存在によって初めて千代子を愛しているのではないかと考えはじめた。高木に対する嫉妬心を消し去らなければ、千代子と純粋な気持ちで恋愛はできないと気づいたから。

④「僕」は一人息子として生まれたうえ、学校にも競争者がいなかったため、嫉妬心を抱く環境になかった。千代子を恋人として扱う高木に萌し始めた嫉妬心は、経験したことのない感情であり、そうした感情によって動揺する自分を浅ましいものと判断したから。

⑤「僕」は今まで若い女性に対してあまりに臆病であったために、本来は恋にかかわる嫉妬心が起こるはずはなかった。如才なく振る舞う高木によってかき立てられた、そうした嫉妬の感情が自分の自制心を失わせることに気づいて差恥を覚えたから。

問4

傍線部D「僕が僕の占いの的中しなかったのを、母のために喜んだのは事実である。同時に同じ出来事が僕を焦躁しがらせたのも嘘ではない」とあるが、この部分での「僕」の心情はどのようなものと考えられるか。その説明として最も適当なものを、次の①〜⑤のうちから一つ選べ。

①高木を千代子の結婚相手にしたいと叔母が言わなかったことは、「僕」との縁談を期待する母の気持ちを考えるとよかったが、その一方で、「僕」と千代子との縁談の可能性が消えないまま、どっちつかずの状況に留まることになりいらだちを感じている。

②高木と千代子の結婚を予期しない母の驚きや動揺に配慮した叔母が、二人の結婚話を持ち

出さなかったのはよかったが、その一方で、千代子の結婚相手として自分にも見込みがあるという思いとともに、事態はまだ流動的であるという不安を感じている。
③内心では高木が千代子の結婚相手になるのもやむを得ないと考えている母に、叔母が二人を結婚させたいと打ち明けることは避けられたので安心したが、その一方で、高木と比べると千代子の結婚相手として劣る自分にじれったさを感じている。
④母が高木に好印象を持ったことを察した叔母が、そのことに乗じて千代子と高木の縁談を持ち出すのではないかという不安がぬぐわれてほっとしたが、その一方で、母の抱いた印象が「僕」と高木とを比較した結果でもあることに不満を感じている。
⑤高木と千代子に縁談が持ち上がっていることを叔母が明かさなかったため、千代子と「僕」の結婚を望む母の期待が続くことを喜んだが、その一方で、千代子と結婚する意志のないまま母を欺き通さなければならないことに歯がゆさを感じている。

問5　この文章における表現の特徴についての説明として適当なものを、次の①～⑥のうちから一つ選べ。ただし、解答の順序は問わない。
①初めて嫉妬に心を奪われることになった経緯を、「僕」の心情の描写よりも、高木をめぐ

る母と叔母の噂話、千代子と高木とのやりとり、高木の「僕」に対する態度の描写などを通して示している。

②「落ち着いた今の気分でその時の事を回顧してみると」とあるように、出来事全体を見渡せる「今」の立場から、当時の「僕」の心情や行動について原因や理由を明らかにしながら描いている。

③「僕」自身の心情を回顧的に語る部分に現在形を多用することで、別荘での出来事から遠く隔たった現在においても、「僕」の内面の混乱が整理されないまま未だに続いていることを示している。

④笑いながらの千代子の発言を「罵られた」と述べたり、玉突きの経験がないことを「幸いにして」と述べたりすることによって、出来事をそのままには受け取ろうとしない「僕」の屈折したユーモアを示している。

⑤「自然が反対を比較する」「会話を僕の手から奪った」「自然から使われる自分」などの表現から、擬人法を用いることで、「僕」が抽象的なものごとをわかりやすく説明しようとしていることがわかる。

【解説】

問一

高木に対する「僕」の思いを聞いている問題でした。まずは傍線A自体に注目です。「（い：□□□□）に棄てられて、そこで育った」と書かれているのですから、交際する力（コミュニケーション能力）は認めているのです。では、高木のことが好きなのかというと、そうではありません。22〜26行目を見ればわかる通り、彼を（ろ：□　※少し抜き出し方が意地悪かもしれません）んでいるのです。これらの内容と①・⑤は合いませんから、選べません。③に関しては、「（は：□□□□□□□□）」が確認できませんし、④は「僕の居場所を（に：□□□□）」が不適切です。高木はきちんと「僕」にも話題を振っています。また、その④に関してですが、前半の「品格」と傍線にある「棄てられた」もマッチしません。したがって、【ほ：□】が答えになります。

問二

傍線Bで、「僕」は自分をどう捉えているか？　と聞いている問題です。傍線Bの前半ですが、「執念く美しい人に附纏わらせない」とあります。これは要するに、美女に執着しないということです。したがって、傍線Bで「僕」は自分を「酒に（い：□□□□□）淋しみのせいで、美女に執着できない人間だ」と捉えているということになります。では、「酒に棄てられた淋しみ」とは一体何でしょうか。42行目に「（ろ：□□）が去って」とありますね。これと酒に棄てられた淋しみは同内容です。どちらも、アルコールが抜けたという内容だからです。では、「酔いが去る」とはどういう状態でしょうか。39～41行目をご覧ください。ここの「（は：□□□）になってみたい」という言葉を見れば、美女と付き合いたいと思っているのだとわかります。これは、美女に酔っている状態です。しかし、41～42行目にある通り、その美女が（に：□□□□）変化すると考えてしまうのです。これは、「美貌が失われた様子」ですから、先の美女に対する酔いが去っています。

さて、話をまとめましょう。「僕」が自分をどう捉えているか聞いている問題で、傍線自体に注目すれば、「酒に棄てられた淋しみのせいで美女に執着できない」と捉えていたのです。そして、酒に棄てられた淋しみ＝（ほ：□□）が去った状態で、その状態とは「美女と付き合いたいと思っても、はかなく変化した姿を想像してしまう」というものでした。だからこそ美女に執着できないのだと考えているのですね。
正解は【へ：□】です。前半の「美しい女性も（と：□□□□）とともに変化していく」がはかない変化のことを、「対象に（ち：□□）できず」が執着できないことを表現しています。

問三

傍線Cの理由を読み取る問題です。小説で理由を問われたときは、心情をつかむのが原則です。そして、心情を読み取るためには、背景と出来事を整理していくのでした。まず、背景ですが、前書きと25～26行目に注目です。前書きより、「僕」は（い：□□□）を求めていません。また、25～26行目より、憎んでいるのですから僕は（ろ：□□）のことが嫌いです。さて、それを踏まえて出来事ですが、49～51行目をご覧ください。仲良さげな高木と千代子を見て、（は：□□□）が燃え出したのです。ここで、少しの疑問が生まれるのではないでしょうか。千代子を求めてないので、嫉妬する必要はなさそうです。しかし、もう一つの背景がポイントです。高木のことが嫌いなのです。つまり、「別に千代子はほしくないけど、高木にとられるのは気に食わないなあ……」と考えているのです。これは、人間として間違った考え方だと感じたから、傍線でこの嫉妬を（に：□□□□）なければならないと考えているのです。さて、この人として間違えた感情を持ってしまったという思いを押さえている選択肢が正解ですが、それは【ほ：□】です。この選択肢の「（へ：□□□□□□□）」という言葉が、その心情を捉えています。

なお、④の選択肢も悪くなさそうですが、「千代子を恋人として扱う高木」という内容が確認できません。主人公と同じように「千代ちゃん」と呼んでいたという記述はありましたが、僕は千代子の恋人ではありませんし、「幼馴染に用いる名」とありますから、やはり恋人というわけではないでしょう。

問四

傍線Dにおける僕の心情を聞いている問題です。この傍線では、「占いが外れたことを母のために喜んだが、もどかしくも感じた」という内容です。まず、「占い」とは何でしょうか。占いは、未来を予測することです。91〜93行目にその内容が出ています。ここで、千代子の母が、千代子を高木に（い：□□　※結婚させる）というのではないかと予測したのです。これが傍線Dに出てきた「（ろ：□□）」の内容です。

さて、ここから先は通常の心情読解です。背景として、前書きの部分ですが、「僕」の母は、「僕」と千代子を（は：□□）させたいと考えていました。そして、出来事ですが、傍線Dの前半にある通り、占いが外れたことを母のために喜んだのです。占いが外れたというのは、千代子と高木を結婚させると言われなかったということです。千代子の結婚相手が確定していませんから、自分にも千代子と結婚する可能性が残ったのです。だから、僕と千代子の結婚を望む（に：□　※人物名が入ります）の望みはつながったのです。だから、傍線にある通り、母のために（ほ：□□□）のです。ということで、前半の心情は、「母の望みがつながってよかったなあ」というものです。

それでは後半です。占いが外れたことをもどかしく感じていました。こちらの背景も前書きですが、「僕」は（へ：□□□）のことを求めていません。そして占いが外れたのですから、千代子の結婚相手が確定しなかったのです。つまり、自分にも千代子と（と：□□）する可能性が残ってしまったのです。したがって、心情としては「求めてもいない女性と結婚する可能性が残っているのかあ……」というものです。したがって、傍線Dの後半で、「（ち：□□□□□□□）」と書かれているのです。

以上の二点を押さえている選択肢ですが、【り：□】です。初めの部分が、傍線Dで出てきた言葉で言うと（ぬ：□□）のことです。そして、前半の「母が自分と千代子の結婚を望んでいる・その母の望みがつながってよかった」という心情を、①の選択肢はきちんと「僕と千代子の（る：□□）を期待する母の気持ちを考えると（を：□□□□）」と正しく表現できています。また、後半の「好きでもない人と結婚する可能性が残ってしまった」という内容も、「どっちつかずの状況に（わ：□□□□）を感じた」とうまく表現しています。

【ビジュアル解説】

＊背景
①前書きより、母は自分と千代子を結婚させたい
②前書きより、千代子を求めているわけではない

＊出来事
傍線Dより、叔母が、高木と千代子を結婚させると言わなかったので、
①母のために喜んだ
②もどかしいと感じた
↓
①母の望みが絶たれずに済んでよかった

②求めてもない女性と結婚する可能性が残ったので、いらだっているよって、ⅰがよい！

問五

これは消去法で対応する問題です。結論を先取りすると、答えは②です。まずは①からですが、「『僕』の心情の描写よりも」という記述が不適切です。むしろ「僕」の心情が中心です。正解の②はいったん飛ばして③に行きます。これは「『僕』の（い：□□□□□）が「整理されないまま」とありますが、これが間違いです。27行目などから、冷静に回想していることが読み取れます。逆に、この内容を捉えているのが②だったのです。次の④については、例えば「幸いにして」という表現です。高木と関わりたくないですから、玉突きの経験がないのは本当に幸いだったのです。したがって、笑いを取ろうとしているわけではありませんから、この選択肢後半の「（ろ：□□□□□□□□）」は不適切ということになります。最後に⑤の選択肢ですが、擬人法というのは、人でないものを人間っぽく表現するものです。⑤の選択肢に出てきた「会話を僕の手から（は：□□□）」というのは、高木がしたことです。彼は人間ですから、擬人法にはなりません。

【空欄に入る言葉】

問一

い：交際場裏

ろ：憎

は：おしつけがましい

に：脅かす

ほ：②

問二

い：棄てられた

ろ：酔い

は：所有者

に：はかなく

ほ：酔い

へ：⑤

と：時の経過

ち：熱中

問三

い：千代子

ろ：高木

は：嫉妬心

に：抑え付け

ほ：②

へ：自分を卑しめる

問四
い：遣る
ろ：占い
は：結婚
に：母
ほ：喜んだ
へ：千代子
と：結婚
ち：焦躁しがらせた
り：①
ぬ：占い
る：結婚
を：よかった
わ：いらだち

問五
い：内面の混乱
ろ：屈折したユーモア
は：奪った

〈第九講〉

次の【文章A】と【文章B】を読んで、あとの問いに答えなさい。

【文章A】

みなさんに試してもらいたいことがあります。

一枚の紙を用意して、そこに飛行機の絵を描いてみてください。もし飛行機の頭が上を向いていれば、おそらく上昇する飛行機に見えるはずです。逆に頭を下に描けば飛行機は落下しているように見えるでしょう。

また一枚の紙に「秋」という字を書いてくださいと言えば、ほとんどの人が中央より上の部分に「秋」と書きます。ところが不思議なことに紙の上に鉛筆を置いてくださいと言えば、ほとんどの人が紙のほぼ中央に鉛筆を置きます。

これは、いったん字を書こうとしたときに、一枚の紙きれはもはやただの紙ではなく、現実の世界をなぞった、「天」と「地」が存在する「世界」へ転化する事実を物語っています。「秋」というたった一文字を書く場合でも、人は無意識のうちに紙の上に働く「天」から「地」へと向かう重力を感じとりつつ字を書くのです。

日本語の文字と文は、天と地を持つ現実の世界を写しとる表現として、天から地に向かって縦に書かれます。そして、この縦に書く歴史を通して、文字の姿も書きぶりも生まれ育ってきたのです。

縦書きはなにを意味しているでしょうか？

字や文を書くとき、紙は単なるのっぺりとした空間ではなく、天と地を持つ現実の世界を象徴する表現空間になります。

いまの日本人には、文字や文は縦に書こうが横に書こうが、どちらでもよいという考えが横行し、横書きの小説さえ登場していると耳にします。しかし縦に書くか横に書くかは、単に書式にとどまらず、天と地を意識し、書く内容に自制と抑制が働くか否かという、文の根本的な構造に関わっています。

「天地神明に誓って」という言葉があるように、縦に書くことは、天すなわち神に誓った言葉でもあることを意味します。特別な宗教がなくても、日本人は書くことで宗教的な心を養ってきました。日本人の心が荒廃してきたことと、縦書きが忘れられてきたことは、決して無関係とは考えられません。

日本語を横書きでよいと考える人は、英語を縦書きにすることを容認できるのでしょうか？もちろん、ありえないことです。しかし日本語を横に書くというのは、じつは、これと同じ愚行です。縦書きの英語を笑うのなら、横書きの日本語もまた笑うべきです。

（石川九楊『縦に書け！』祥伝社　なお、本文は一部表記等を省略・変更している）

【文章B】

今や電子メディアの時代を迎えて、小説・マンガの書字方向がどちらへ進むかはますます不透明である。携帯電話のインターネットサイトで公開され話題になった小説は、印刷メディアで本にまとめられた際にも、元のメディアの左横書きを引き継いで左横書きのまま出版された。短歌や俳句のような伝統詩型でもインターネット上で左横書きのものが盛んに発表されている。このように電子メディアの制約によって文学作品やマンガの書字方向が変わってゆくのも一つの可能性なら、文学作品やマンガが現代社会に占める重要性ゆえに、電子メディアの側が規格に自由度を増して、在来の書字方向がこうしたジャンルだけには温存されてゆくというのも一つの可能性だからである。

一九四八（昭和二三）年度の文部省著作、小学校教科書『国語』以来、左横書きの文章を載せる教科書は少なくはないし、新聞記事にも左横書きのものは増えているが、今でも依然として国語教科書や新聞は縦書き主体である。しかし、この分野が縦書きを守っているのには固有の理由があるわけではない。これらは、種々のジャンルの文章を写す「鏡」、収める「容れ物」にすぎないから、世の中の文章がみな横書き化すれば、当然横書き化せざるをえないのである。

現にマンガや小説が早くから横書き化していた韓国では、教科書も一九七〇年代には横書き化したし、そうした横書き教科書で育った世代が成人になった九〇年代後半には、新聞も、スポーツ欄やテレビ欄からはじまって数年のうちに全紙面横書き化してしまった。

小説・マンガの書字方向には今後とも「縦書き（左横書き併用）スタイル」が残ってゆくかもしれない。しかし、その他の用途では、書字方向は一つに収斂してゆくことになるだろう。「縦書き（左横書き併用）スタイル」と「左横書き専用スタイル」の一番重要なちがいは、横書きに向いているのでもなく縦書きに向いているのでもない中立の用途に縦書きを用いるか、左横書きを用いるかである。ここは現在の「左横書き専用スタイル」の進出状況から見て、早晩左横書きに統一されてゆくとみてよいだろう。

しかし、それは「左横書き専用スタイル」になることを意味するのではない。「左横書き専用スタイル」では、本の背、縦長看板などの縦長スペースや、デザイン上の要請から縦書きに向いている用途はカバーできないからである。横長のスペースでも、小さな文字を書き並べるなら、縦書きのほうが適している。行が長すぎると行を移る際に読みにくくなるからである。平面利用の多様性は近代の日本語が得た貴重な財産なのだから、そうした用途に縦書きを使わないのでは退歩といわざるをえない。そうした方向へ進む可能性は万に一つもないといってよかろう。

結局、「縦書き（左横書き併用）スタイル」と「左横書き専用スタイル」との折衷型である「左横書き（縦書き併用）スタイル」、すなわち「基本的には左横書きを用いるが、縦書きに適した用途のみには縦書きを用いるスタイル」が、今後の日本語の標準的な書字方向スタイルになってゆくと考えられるのである。

こんなことをいえば、「縦書きは横書きに代え難い独特の力をもっている」、「横書きは微妙な情緒を表現するのには向かない」という声も聞こえてくるだろう。しかし、縦書きしかなかった時代の人たちは「縦書きは重々しくてよい」などとは決して考えなかったと思われる。他の方向の可能性を考えてみることもないから、その方向にくらべて縦書きに味があるということなど考えつきもしないのだ。

こうした色あいのちがいは、手段が複数あってこそ生じてくるものであることをまず押さえておきたい。

目的地へ行くのに道が一つしかなければ、いやおうなしにその道を行かざるをえない。書字方向スタイルも一つしかなければ、無味乾燥な実務的連絡も、微妙な情緒の表現も、すべてその中でおこなわれなければならない。書字方向そのものに色があるわけではないのである。

複数の道があればこそ、選択の自由が生まれる。目的やその日の気分で道を選ぶことができる。急ぐときには最短距離の道をとり、目的地への到着は二の次でその間の風情を楽しみたいなら毎日さまざまな道を試してみるという風に。

目的に応じて道の選択も異なるのだから、目的の異なる人に自分の選択を押しつけるわけにはゆかない。土地不案内の人に道を教えるときは、風情はあるがやたらに遠い道や、近いがわかりにくい道ではなく、一番普通の道を教えることになるだろう。先に「今後の日本語の標準的な書字方向スタイル」といったのはそうした意味である。せっかく先人の切り開いた他の道を使うなどという権利は誰にもないが、ほかの人がその道を使わないからといって嘆くのもかいのないことである。

右横書きも含め、多様な道のあることが日本語の表現を豊かにする貴重な財産であることはいうまでもない。ただ、そうした脇道はきちんと保守・管理してゆかなければ、たちまち荒れ果てて使えなくなってしまう。歴史的に大観すれば②淘汰されるものだ。言語は究極のところでは合理的存在で無駄を許さないからである。

（屋名池誠『横書き登場』岩波書店。なお、本文は一部表記等を省略・変更している）

【問題】

問一
日本語における書字方向の在り方について、【文章A】の筆者は、どのような効果があるから縦書きの価値・重要性を訴えているのか、40字程度で簡潔に説明しなさい。

問二
縦書きの価値・重要性を訴える【文章A】の筆者に対して、あなたが【文章B】の筆者であればどのような反論をすることになるか、【文章B】の内容を踏まえ、80字程度で述べなさい。

【解説】

問一

縦書が重要だと考える理由を聞いています。19〜23行目をご覧ください。縦書きで書いた言葉は、神に（い：□□□）言葉になるのです。だから、書く内容に（ろ：□□）と抑制が働くのですね。これは縦書の良い面です。このような良い面があるから、筆者は縦書きが重要だと考えるのです。したがって、答えは「書く内容に自制と抑制が働くから」となります。ただし、これだけでは字数が40字にまったく届いていないため、不十分です。このように字数をもっと増やしたい場合、すでに書いた内容の理由を加えてより詳しくするのが原則です。自制や抑制が働く理由は、すでに確認しましたね。縦書きで書いた言葉は神に誓った言葉だからです。以上をまとめて、「④縦書きで書いた言葉は神に誓った言葉であるため、⑥内容に自制と抑制が働くから。」が模範解答になります。

問二

文章Aの筆者に対する反論を答える問題です。問一で確認した通り、文章Aの筆者は縦書きであるべきだと述べていましたから、この問題では、縦書きを否定していくことになります。

はじめにご覧いただきたいのが文章Bの10～14行目です。文章は国語の教科書や（い：□□）といった「容れ物」に合わせて縦書きになっているだけで、縦書きに（ろ：□□）の理由はないのです。これが縦書きを絶対視する文章Aへの反論になります。これが一つ目の理由になりますが、一つ問題があります。「容れ物」といったら一般的にはコップのような容器をさしますから、これは比喩表現です。普通は、新聞紙のようなものを「容れ物」とは言いません。こういった比喩表現は内容が不明確なので、現代文の答案では使ってはならないというルールがありますから、「容れ物」を「何に書くか」と言い換えてあげるべきです。なお、容れ物は25行目にも出てきました。（は：□□□）や縦長看板などです。確かに、これらの容れ物は、スペースの問題で、縦書きにならざるを得ません。ここを参考にして、「容れ物」を「媒体」などと表現してもいいでしょう。

さて、実はもう一つ縦書きを絶対視する姿勢への反論がありました。54～55行目をご覧ください。右横書きや縦書きのような（に：□□□□）があるから、日本語は豊かになるのです。そうであるならば、横書きも認めるべきですから、ここも文章Aに対する反論になります。なお「道」も比喩ですから、ここは「多様な書き方」と表現することになります。ちなみに、40〜47行目も同じような内容ですから、ここを使いたいと考えた方もいらっしゃると思います。ただ、「色あい」や「風情」も比喩ですから、やはり54〜55行目を使って、「豊か」と述べるべきでしょう。模範解答としては、

②文章の書き方は「何に書くか」によって決まるものであり、③縦書きを守ることに固有の理由はない。また、縦書きも含め、②多様な書き方があるからこそ③日本語は豊かになる。

となります。

【空欄に入る言葉】

問一

い：誓った

ろ：自制

問二

い：新聞

ろ：理由

は：本の背

に：多様な道

〈第十講〉

次の文章を読んで後の問いに答えなさい。

上野の丘陵からは、東京の町の、涯しなく広がる姿が見える。明治の出発とほとんど出生を共にする幸田露伴は、すぐ近くの下谷に生まれ谷中に住んだ。露伴は、上野の山に登って新しい国家の首都となった旧江戸の町を見渡しながら、新しい国家の行く末をまぶしく見つめようとしていたにちがいない。折にふれて天王寺の塔を仰ぐことも日常だっただろう。

塔は小説『五重塔』で感応寺の塔として登場する。

小説『五重塔』が書かれた明治二十（一八八七）年のころ、日本は大揺れに揺れていた。いままで世間の末端にいた民衆が、民権に立って国を造るという、①常識とはまったく逆の思想が入ってきたからである。

一方に国家の一員でありながら個人の自由を尊重するという新しい思想もあった。個人、自由、民権などという耳なれないことばが国家とどう調和すればよいのだろう。

国造りの議論を潮騒のごとく耳にしながら、やがて知識人として思想の一翼をになうようになる露伴は、弱冠二十四歳の輝くような瞳を、塔上の水煙に向けていただろう。

②関東一高いといわれる塔は、整然と層をかさねて空中にそびえ立っていたはずである。小説『五重塔』は、こうして塔を仰ぎ見る経験から紡ぎ出されていったのではないか。

そこでこの小説の主人公をだれと考えればよいのか。小説でもっとも有名な個所は巻末、のっそり十兵衛が竣工直前の嵐の中で欄干をつかむ情景であろう。

大工・十兵衛はここへ到るまでにも存分に我を通して棟梁の源太をしりぞけ、その上で工事に成功してみなの喝采をうける。世の習慣も身分も周囲もあったものではない。くっきりと姿を現わしながら行動しつづけるあたり、個人尊重の近代の、みごとな主人公のようである。

しかし我執の強さだけが後味となって残る。しかも小さい細工物ならいざ知らず、巨大な造塔ともなれば、多岐にわたる部分部分は分業に委ねたはずで、この全体の差配こそ、大事なのではないか。

しかし小説は意図的に、そのあたりを朧化させて、職人気質へののめり込みばかりをきわ立たせる。つまり十兵衛はどうやらひとつの「個人」を示す役をあたえられた登場人物にすぎないらしい。

その反対が、すでに棟梁として重きをなしていた川越の源太である。彼はその統率力といい、作中で察せられる人格といい、棟梁としての貫禄は申し分ない。その上、以前からの工事のいきさつを突き崩して十兵衛という思わぬ闖入者が現われても譲歩しつづけ、ついに自分は大工仕事の担当を断念する。

十兵衛が我を通せば通すほど、源太の人柄が大きさを増す仕組みになっている。

十兵衛にまかせたといっても、こまごまとした分業の職人を動かしたのは棟梁の源太にきまっているし、しいていえば十兵衛が工夫したという雛型の実現を、十兵衛にさせてやるだけの、譲歩だったとさえ言える。

読者にとっても源太の好感度は抜群だろう。この粋な振舞いは、江戸町人が久しく至極の美しさとしてきたものであった。

しかし、源太は嵐の中では塔のまわりを徘徊する「怪しき男一人」であった。いわば黒衣の役があたえられていたことも、歴然としている。

組織をまとめる長、③他人を受けいれながら仕事を完成させていく力量の持ち主、そんな役を蔭にまわって果たすのが、源太である。

そこで、細かな筋立てから大きく目を転じて、中空に美しく完成されようとしている塔を「国家」の暗喩と見てはどうだろう。

そのことで作者の、みごとな配役ぶりを見ることができる。

小説の中軸をつらぬく人物として姿がきわ立つのは朗円上人である。上人とは日蓮宗での呼称で、すでに天台宗に改宗した当時の天王寺に、上人がいるはずはない。そんな飛躍をおかしてまで、作者は尊い「上人」の名にこだわったのである。

十兵衛は上人に感涙を流して仕事にはげむ。源太も上人の前で少しずつ自分の立場を後退させる。まさに上人を中軸をつらぬく主役とし、十兵衛と源太とを輔翼としてしたがえる構造によって、造塔は完了した。

この構造塗息をのむばかりに鮮かに示す個所が終末である。露伴はつぎのように記す。

上人は書いた。

江都の住人十兵衛これを造り、川越源太郎これを成す

と。

所詮、造ることに執着したのが十兵衛だった。そして主役をおり黒衣となった者こそが、成す者であるとは。

露伴は知っていたか否か、「十兵衛作」として小説に描かれたモデルの、寛政三（一七九一）年再建の塔には、日光東照宮にも先んじて倒壊を防ぐ懸垂式の心柱が用いられていたという。のみならず十兵衛が造ることになった塔は、直前に改修中、倒れたらしい。

だから十兵衛は、これらの倒壊に対する新技術をもって臨み、新五重塔の完成によって新技術は、テストに成功したことになる。

高さも増上寺の塔を抜くというから、今ふうにいえば最新のハイテクの成果であった。

しかし技術は「　I　」にとどまることを上人は明言した。畢竟の成果は「成すこと」

にある。読者はこうして我執と技術の限界を、まざまざと上人から示されて、読書をおえることとなる。

飽くことなく五重塔を仰ぎながら、露伴が見ていたものは、この成すことの尊さだったのではないか。この結果、成さしめたものとして、両脇侍をしたがえる本尊のごとくに上人を据えたのだろう。

そしてわたしは、露伴が新しい④日本の国造りを造塔に仮託したと思えてならない。折しも明治政府は「国会」を設けることをきめ、その準備を進める中で新聞「国会」も発行された。この「国会」紙に露伴の『五重塔』は掲載された。だから朗円上人のさらにその上には「上御一人」がいらっしゃる。

露伴自身もいま、文学の書き手として作家の道へと出発したばかりである。

しかし、造るのではない。造ってはいけない。成さなければならない——そういう露伴の呟きが、いまにも聞こえてきそうになる。

（中西進『文学の胎盤』より）

注　○上御一人——天皇の尊称

【問題】

問1　傍線部①「常識」とあるが、ここでは具体的にはどのような考え方か、三十字程度で記しなさい。

問2　傍線部②「関東一高いといわれる塔」が指すものを文章中から五字で抜き出しなさい。

問3　傍線部③「他人を受けいれながら仕事を完成させていく」とあるが、具体的には源太がどのようなことをしたことを指して言っているか、五十字程度で記しなさい。

問4

空欄Ⅰに入る最もふさわしいことばを文章中から五字以内で抜き出して記しなさい。

問5

傍線部④「日本の国造り」とあるが、幸田露伴は『五重塔』を通して国造りについてのどのような考え方を書いたのか、筆者の解釈を「調和」という言葉を用いて三十五字程度で説明しなさい。

【解説】

問一

傍線①「常識」がどんな考え方か説明する問題ですから、傍線①とイコールの内容を読み取っていくことになります。まずは7～8行目をご覧ください「常識とは逆の考え方」＝「世間の（い：□□）にいた民衆が（ろ：□）を造る」になります。これが常識の反対ですから、ここをひっくり返せば「常識」になります。したがって、答えは「④世間の末端の民衆は、⑥国造りに参加しないという考え方。」が答えです。

問二

傍線②ってなんですか？と聞いています。つまり、傍線②の説明を求めているのです。したがって、これは傍線②とイコールの内容を探す問題です。13～14行目をご覧ください。傍線②を仰ぎ見る経験から（い：□□□）という小説が生まれたのです。したがって、傍線②＝五重塔のモデルです。では、五重塔のモデルとはなんでしょうか。1～4行目を見れば、幸田露伴は、（ろ：□□□□□）を見ていました。この時点で、これが答えになりそうですが、あわせて44～46行目をご覧ください。ここでも（は：□□□）のことを踏まえて、本当は上人が出てくるのはおかしいと述べていますから、やはり天王寺が五重塔のモデルになっているのです。以上より、答えは「天王寺の塔」が答えです。

問三

傍線③って、源太がどうしたってこと？　と聞いています。要するに、傍線③の説明を求めているのですね。したがって、傍線③とイコールの内容を考えていくことになります。これは、傍線を前半と後半に分けるといいでしょう。まずは前半の「他人を受け入れながら」についてです。26～30行目をご覧いただければ、源太が受け入れた他人とは、我を通そうとする（い：□□□）だとわかるでしょう。なお、現代文の記述では、傍線の言葉をそのまま使わない方がいいという原則がありますから、「受け入れながら」も言い換えたいです。（受け入れるってどういうこと？　と聞かれたときに、「受け入れるってことだよ」と答えたらまずいですよね。それと同じです）先ほどチェックした28行目の（ろ：□□）という言葉が「受け入れる」という意味を持ちますから、この言葉を使えばいいでしょう。要するに、傍線③前半の「他人を受け入れながら」＝「我を通そうとする十兵衛に譲歩しつつ」だったということです。さて、それでは後半に移りましょう。後半は、「仕事を完成させていく」でした。31～33行目に注目です。源太は棟梁ですから、彼の仕事は「分業の（は：□□）を動かすこと」です。そして20～22行目ですが、職人を動かすことで（に：□□）な造塔を成したのです。これが傍線後半の「仕事を完成させていく」にあたります。以上をまとめた「②我を通そうとする源太に②妥協しつつ、③分業の職人たちを動かし、③巨大な造塔を成したということ。」という内容が模範解答となります。

問四

空欄1に入る言葉を考える問題でした。空欄がある62行目をご覧ください。技術はIにとどまると書かれていますから、63行目にある言葉を使え I I ＝技術の（い：□□）ということになります。17～18行目や33行目を見れば、（ろ：□□□）は高い技術を持っていたことがわかります。十兵衛は、技術の象徴だったわけです。そして、52～54行目が参考になりますが、その十兵衛は（は：□□）ことに執着しており、源太のように成すことはできなかったのです。これで答えがわかりました。 I ＝技術（十兵衛）の限界で、十兵衛の限界＝造ることですから、この「造ること」が答えです。

問五

まずは設問自体に注目です。幸田露伴が（い：□□□）という小説に書いた国造りに対する考え方を答える問題です。問二で確認しましたが、傍線②「関東一高いといわれる塔」は五重塔のモデルでした。それを踏まえて9〜14行目をご覧ください。五重塔のモデルを見ながら、（ろ：□□□□□）を尊重するという思想と国家を（は：□□）させたいと思っていたのです。この時点で、「幸田露伴が五重塔という小説に書いた国造りに対する考え方」＝「⑤個人の自由を尊重するという思想と⑤国家を調和させたいという考え方。」ですから、これが答えです。

最後に、少しだけ難しい話をしておきます。9〜10行目に出てきた「個人、自由、民権」といった言葉を使うか否かで悩んだ方もいらっしゃると思います。ただ、ここは答えに使いません。具体的な内容を入れてしまうと、「これだってそうじゃない？」と突っ込まれてしまいます。今回だったら、「平等」とかをいれてもいいんじゃない？　と言われかねません。その場合は、ざっくりまとめた表現にして、そのツッコミを回避する必要があります。今回は「個人の自由を尊重」がそれにあたるので、こちらを利用することになります。なお、このざっくりまとめる作業のことを「抽象化」と呼びます。

【空欄に入る言葉】

問一

い：末端

ろ：国

は：職人

に：巨大

問二

い：五重塔

ろ：天王寺の塔

は：天王寺

問三

い：十兵衛

ろ：譲歩

問四

い：限界

ろ：十兵衛

は：造る

問五

い：五重塔

ろ：個人の自由

は：調和

◆著者プロフィール

長島 康二（ながしま こうじ）

読解ラボ東京　代表

学生時代より予備校の教壇に立ち、現在でも大学受験予備校・有名私立高校で最上位生から基礎クラスまでを担当。「現代文においては受験生は問題の解き方を磨いていかなければならない」との考えのもと、文章の読み方や問題の解き方を体系化し、確固たる得点力を養成する授業を行っている。ロジカルな思考から生み出される「本当に理解できる授業」は圧倒的な支持を得ている。

著書に、『大学入試現代文』『国公立大学現代文攻略』『大学入試現代文・一問一答』等がある。

現代文
学習のカギは"解説"の攻略！

2023年7月12日　初版第1刷発行

著　者　長島 康二
発行者　池田 雅行
発行所　株式会社 ごま書房新社
〒167-0051
東京都杉並区荻窪4-32-3
AKオギクボビル201
TEL 03-6910-0481（代）
FAX 03-6910-0482
カバーイラスト　（株）オセロ 大谷 治之
DTP　海谷 千加子
印刷・製本　精文堂印刷株式会社

ISBN978-4-341-13279-8 C7081

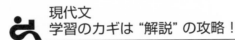

ごま書房新社の本

長島康二
〈大学入試・現代文〉シリーズ

現代文を
「普通から得意へ」・
「難関大への第一歩」へ

大学入試
現代文・実践編

別冊付書き込み式学習で
偏差値アップ！

定価1540円（税込） B5判 120頁・別冊68頁 ISBN978-4-341-13268-2 C7081

「解く」ことに特化して
最大効率の学習！

大学入試
現代文・
一問一答

定価1430円（税込） A5判 204頁 ISBN978-4-341-13266-8 C7081